中国审计史话新编

——自先秦至民国

蒋大鸣　主编

中国财经出版传媒集团
中国财政经济出版社

图书在版编目（CIP）数据

中国审计史话新编：自先秦至民国／蒋大鸣主编．
--北京：中国财政经济出版社，2019.10
ISBN 978-7-5095-9038-6

Ⅰ.①中… Ⅱ.①蒋… Ⅲ.①审计－经济史－中国
Ⅳ.①F239.22-09

中国版本图书馆 CIP 数据核字（2019）第 108340 号

责任编辑：吕小军　　　　责任校对：张　凡
封面设计：陈宇琰

中国财政经济出版社 出版
URL：http：//www.cfeph.cn
E-mail：cfeph@cfeph.cn

社址：北京市海淀区阜成路甲 28 号　邮政编码：100142
营销中心电话：010-88191522
天猫网店：中国财政经济出版社旗舰店
网址：https：//zgczjjcbs.tmall.com
北京财经印刷厂印刷　各地新华书店经销
成品尺寸：110mm×180mm　32 开　9.5 印张　148 000 字
2019 年 11 月第 1 版　2021 年 3 月北京第 2 次印刷
定价：40.00 元
ISBN 978-7-5095-9038-6
（图书出现印装问题，本社负责调换，电话：010-88190548）
本社质量投诉电话：010-88190744
打击盗版举报热线：010-88191661　QQ：2242791300

序　　言

中国审计历史源远流长，两千多年来，中国审计制度在历朝历代从未中断过。但非常遗憾的是，从新中国成立至1982年的33年间，中国未建审计制度，这不可谓不是一种制度缺陷。1982年《中华人民共和国宪法》修订，决定设立审计机关，恢复审计制度。

1999年末，中华人民共和国审计署决定，发动组织全国审计专家，聘请有关方面学者，开展中国审计史的研究工作，集体编写一部中国审计史书，以史为鉴，总结历史经验，探求审计发展规律，用以推动审计理论研究工作，促进审计系统大兴学习之风，为现实审计工作提供借鉴，并力争在2003年年底前完成全部研究撰写工作，为2003年审计机关成立20周年献上一份厚礼。2004年年初，由审计署组织编写、李金华审计长任主编的《中国审计史》，由中国时代经济出版社出版。

《中国审计史》作为中国审计历史上第一部官修审计史书的出版，意义重大。全书共三卷，

第一卷为古代部分，第二卷为近代部分，第三卷为现代部分。在研究撰写过程中，审计署主要领导指示《中国审计报》，开设“中国审计史话”专栏，刊登研究成果，用二三千字的短文，以史话形式见报，以更有利于及时宣传普及中国审计史知识。《中国审计报》自2001年10月起，开设“中国审计史话”专栏，按朝代顺序，陆续刊登我们7位作者的研究成果，至2007年10月止，共刊登了66篇史话文章，共约13万字。其内容涵盖了从中国古代审计起源至近现代审计历史的内容。史话刊登发表后，受到广大审计人员的欢迎和好评，对于普及审计历史知识，提高审计人员的理论水平和业务能力，发挥了很好的作用。

自“中国审计史话”公开发表后，不断有审计工作者找我们询问，如何能获得“中国审计史话”全部原文，因为所发表的史话文章，散落于《中国审计报》2001年至2007年各期上，如欲阅读，不易寻找。因而也有许多审计工作者建议我们，将“中国审计史话”结集出版，以满足广大审计人员学习了解中国审计历史的需求。

经我们几位作者商量，决定将原稿整理修改，交由出版社出版。在缺少经费、出版困难的情况下，此书得到中国财政经济出版社的大力支持，对此我们表示由衷的感谢！我们也坚信此书的出版能得到广大审计工作者的支持与厚爱。

编著者

2018 年 6 月

目　录

一、先秦与秦汉时期的审计

蒋 大 鸣

（一）众说纷纭话起源①

谈到审计起源，凡略知审计发展历史者，大多都知道目前在我国审计理论界流行以下三种主要观点：（1）审计起源于会计。认为审计是从会计中分离出来的一种职能，先有会计，后有审计。（2）审计起源于受托经济责任。认为只要有受托经济责任关系存在，客观上就必然要求对受托经济责任进行监督，这种受托经济责任关系不仅体现在民间，也体现在国家政治经济制度中。（3）审计是民主与法制制度的产物，是近现代社会才有的。上述第二种观点，即“受托经济责任说”，认同者较多，主要因为大家基于对现代审计概念的理解与认识，并以此为基点来判定审计的起源。

究竟应当怎样正确认识审计起源问题，首先

① 本文原载《中国审计报》2001 年 10 月 31 日。

必须确立这样几点认识：（1）审计起源问题涉及许多审计基本理论问题，比如如何科学界定古代审计与现代审计的关系，特别是它们之间的前后沿袭承继关系；如何正确把握古代审计起源与古代会计起源、古代监察起源、古代财政监督起源的关系等等。（2）要有正确的思想方法。不能以现代人的思维定式和对现代社会现象的认识，来研究与古代审计起源有关的问题，比如不能以现代人的财产观、监督观、权力（利）观去判定古代人的财产观、监督观、权力（利）观。简言之，必须坚持以历史唯物主义为指导思想进行分析和研究，不能凭“想当然”。（3）必须在充分掌握切实可靠史料的基础上来研究，要使用第一手资料来说明史实。最忌人云亦云或采取“拿来主义”。（4）应注意把握审计的萌芽、雏形和带有审计性质的活动与成形审计产生之间的联系。作为成形的、完整意义上的审计，无论是古代、近代和现代审计，都应具备这样三个共同特征：一是监督检查的对象应是财政财务收支，对国家审计来说，就是监督国家财政收支；二是以检查账目为其基本手段之一；三是进行监督的机构或人员应当相对独立于财政财务管理机构。只具备其中一点或两点，只能认为是审计的萌芽、雏形，不能认为它就是审计。特别是古代，多种事物的构成要素，往往共同孕育于同一母体的胚胎中，随着历史的演进才逐渐分离出来，从而自成一体，形成某种新事物。我们应当通过研究，按不同事物构成要素的标准，将它们逐一剥离出来，以研究它的产生和发展过程。对此，把握某种事物构成要素的标准，成为我们研究问题的关键。上面提出的审计的“三个共同特征”，也是审计的基本特征，正是我们研究审计起源必须把握的审计构成要素的标准。只有这样，才不致于把审计的起源与会计的起源、监察的起源、财政监督的起源混同在一起。这个问题解决好了，可以说才算找到了研究审计起源的“金钥匙”，研究审计的起源靠它，研究审计的发展历史也要靠它。

俗话说：“万事开头难。”不妨套用一下，可以说“研究万事万物起源难上加难”，研究审计起源难，就是一例。主要因为上下几千年，时代久远，史籍零落稀少，很难考证，许多方面还需要依赖地下考古发掘提供史料。我国国家重点课题《夏商周断代工程》已经完成，希望其成果能对研究中国审计的起源有所帮助。关于审计起源的研究，无论对谁来说，都是“难于下笔”的事，但是，终究还要探讨。姑且将此篇作为探讨审计起源的“开篇词”。

（二）从“审计”一词谈起①

中国是世界文明古国，在6000年文明演进历史中，创造出许多灿烂的文化。中国的审计，就是这灿烂文化百花园中一朵奇葩。中国审计，源远流长。讲到审计，不可避免地会首先涉及对“审计”一词出处、演变的了解。现有中国审计史研究成果中，对此有多种说法，其中最具代表性且目前被大多数人公认的说法是，最早在南宋正式将审计活动冠之以“审计”一词。其史料根据是《宋会要》职官二七之六一记载：“高宗建炎元年五月十一日，诏诸司专司、诸军专司，专字下犯御名同音者，改作诸军诸司审计司。”其意是指南宋建炎元年（公元1127年）五月，为避宋高宗赵构名讳（“构”“勾”同音），将诸军诸司专勾司改作诸军诸司审计司。后将诸军审计司、诸司审计司合称为审计院。这是我国最早将审计机构正式以“审计”一词命名的记载。

南宋审计机构名称的改变，看似偶然、巧合（为避高宗构讳），实有其必然性。因为“审计”一词早在唐代已广泛使用，只是其语义较宽，多

① 本文原载《中国审计报》2001年2月21日。

是指对某项事体“详细、周密、慎重谋略、计议”之义，当时并无对财经活动、岁入岁出、钱粮收支的审计监督这层语义。例如《新唐书》记载，陈子昂上书曰：“善为天下者，计大而不计小，务德而不务刑，据安念危，值利思害，愿陛下审计之。”①《新唐书》又载，张九龄草诏与宰相张说，建议其改变为政之道，草诏最后说：“方进草，尚可以改，公宜审计。”②《新唐书》、《新五代史》中还有一些使用“审计”一词的记载，但均为“详细、周密、慎重谋略、计议”之义，毫无我们所说的“审计”之义。至宋代，虽“审计”一词多用于对财经活动、岁入岁出、钱粮收支的监督，但仍有用于上述“详细、周密、慎重谋略、计议”之义的，如《宋史》载：“诏问方略，审计形势，为破敌之策以献。”③其中的“审计”就是此义。汉语言词汇丰富，语言结构和语义复杂多变，在语言演变历史中，语义的扩展、延伸或移植、借用，多有发生。这是因为语言是随时代变迁、语言环境变化而在不断变化，是语言发展的客观规律。“审计”一词，

① 《新唐书》卷一〇七。
② 《新唐书》卷一二六。
③ 《宋史》卷三三二。

在南宋高宗建炎元年，为避高宗构讳，而改“专勾司”为“审计司”，移植、借用当时已广泛使用的“审计”一词，赋予“审计”一词以专指意义，指对财经活动、岁入岁出、钱粮收支的监督，当是可以理解的。“审计”一词，当时可以宽用，也可窄用，只是随着历史发展而不断演变，越来越趋向于窄用，最终则定型为专指对财经活动、岁入岁出和钱粮收支的监督了。至于有的学者撰文，引《文献通考》史料，说唐代就已将“审计”一词用于审计活动，这是一种误识，容当另文讨论。

弄清“审计”一词的来龙去脉，搞清楚审计活动的出现与“审计”一词出现的联系，对于我们学习、了解中国审计发展历史，提高我们的历史文化修养，帮助我们做好今天的审计工作，将会有所裨益。

（三）中国审计起源再探

关于中国审计起源问题的研究，的确是一个难解而又十分有趣的课题。国内会计和审计学术界已进行了多年探讨，但迄今尚未有一个大家公认的结论。我们只能说：历史史实是凝固的、静止的，而历史研究是波动的、前进的。历史研究本来就是一件“仁者见仁，智者见智”的事情，关键是看研究的成果是否贴近历史原貌，符合历史发展的客观规律。因而，百花齐放，百家争鸣，这是好事情，它会带来学术的繁荣，带来花团锦簇的学术的春天。

中国审计的源头究竟定在哪个朝代？会计和审计学术界有多种看法，诸如“夏商说”“西周说”“秦汉说”“曹魏说”“北宋说”等等。之所以有这么多不同看法，关键一点是对审计起源标准的把握各不相同。比如，有的以完形审计的出现为标准，有的以“审计”一词的正式冠名为标准，有的以审计的孕育、萌芽或雏形出现为标准。究竟应当以何为标准？根据马克思主义历史唯物主义观点，在历史研究中，应当把研究的问题放到一定的历史范围之内来研究，注意把握研究对象的时代性。因而，探讨中国审计起源问题，应从源头开始梳理，即以审计的孕育、萌芽作为研究的起点。至于审计的雏形、完形，只是其发展的一个阶段形态和最终结果。如果以审计的雏形、完形作为研究的起点，则割断了审计历史发展的脉络，反而找不到审计产生的真正源头。当然，我们必须明确的一点是，研究审计的孕育、萌芽过程，并不是只简单地、武断地说“这就是审计”或“这不是审计”，而是要进行艰苦细致地研究，探求审计从孕育、萌芽到雏形、完形的历史发展过程，以使我们的研究尽量达到贴近历史原貌，符合历史发展客观规律的目标。

夏朝是我国历史上最早出现的奴隶制国家。虽然有关夏朝历史的文献资料匮乏，但从历史上流传下来的有限的、较为可信的史料看，夏朝已孕育审计要素胚胎——原始意义的监督。相关史料记载如下："禹合诸侯于涂山，执玉帛者万国。"① "自虞、夏时，贡赋备矣。或言禹会诸侯江南，计功而崩，因葬焉，命曰会稽。会稽者，会计也。"② "会稽，山名，本茅山也，禹于此会诸侯之计，因名曰会稽。"③ "禹朝诸侯之君会稽之上，防风之君后至，而禹斩之。"④ 上述史料至少向我们揭示了如下史实：禹通过会集诸侯，对贡赋征收进行稽核；一方面显示王权之神圣而不可侵犯；另一方面对诸侯方国实施带有经济意义的监督。上述史料中的"会""计"，按许慎《说文解字》释："会，合也""计，会也"。另据段玉裁注："筭，当作算，数也。"再按司马

① 《左传·哀公七年》。

② 《史记·夏本纪》。

③ 《汉书·司马迁传》。

④ 《韩非子·饰邪》。

迁等人的理解，“计”即“稽”。“稽，考也。”①在此暂不论这些史料是否与会计的产生有关，而就这些史料所传递的真切历史信息来看，不能说不含有一种原始意义上的经济监督含义。夏朝出现的“计”“稽”“考”这种历史现象，正与审计的本质特征——经济监督相关联。当然，不能说它就是审计或已产生审计。但是，可以说这其中已孕育着审计要素的胚胎，以此作为中国审计之滥觞，当是可以为人们所接受的。

（四）“明法审数”考辨

在先秦诸子著作中是否存在有关古代审计思想和审计原则的记载，从现存可查的先秦文献资料中，难以寻觅到有关的记载。有的学者认为，《管子》中存有有关“古老的审计原则”的记载，但经仔细考证，此说实难成立。

提出这一说法的学者认为，《管子·幼官》所载“明法审数”一语为“古老的审计原则”，但实则与审计毫无联系。首先，从“明法审数”一语所处的语言环境，就可以很清楚地看到此语与审计无关。此语所在的这段文字是：“常至命，尊贤授德，则帝；身仁行义，服忠用信，则王；

① 《礼记正义》。

审谋章礼，选士利械，则霸；定生处死，谨贤修伍，则众；信赏审罚，爵材禄能，则强；计凡付终，务本饬末，则富；明法审数，立常备能，则治；同异分官，则安。”[①] 此段文字中“常至命”，依上下文例，“常”上似脱一字，据郭沫若《管子集校》一说，疑是“率常至命”[②]。另，此段文字中“同异分官，则安”句，以上文句例，疑脱去四字（已不可考）[③]。上录这段文字所在的《管子·幼官》，据学者考证，实为“讲述治国、用兵之道，其内容主要是军事、政治问题”[④]。这段文字，当也不会例外。

另据中国社会科学院经济研究所叶坦研究员考证，《管子》中的“明”与“审”常常连用于对仗叙事，都是指“明”“知”“度”等意思，而且这样的连用实际上很多。笔者翻阅《管子》，还查得《管子》中就有《明法》专篇，所谓“明法”皆指“修明法度”。再者《管子》各篇中频繁出现的“数”这个字，多通“术”，指

① 《管子·幼官》。

② 《郭沫若全集》历史编，第五卷，人民出版社 1984 年版，第 195 页。

③ 同上，第 197 页。

④ 赵守正撰：《管子注译》上册，广西人民出版社 1982 年版，第 71 页。

办法、政策、策略而言。所以，把全书有关内容联系起来看，“明法审数”毫无“依法审计”的含义。其次，《管子》各篇中频繁出现的“审”字，皆与审计的内涵毫无联系，如“审器而识胜，明谋而适胜”（“审”“明”连用）“审于动静之务”“审御机数”“明主之治也，审是非，察事情，以度量案之”。所有这些“审”字，皆为分辨、辨别之义，与“审计”无关。即使“审”与“数”两字连用，也是如此。至于“审”与“计”两字连用，组成“审计”一词，其词义演变情况，前已有专文考析，此不再赘述。

（五）审计探源说殷商

如果说夏朝已孕育审计要素胚胎——原始意义的经济监督，那么到了商朝，这一胚胎又获进一步发育和成长。

商朝实行君主专制制度，商王拥有至高无上的权力，举凡国家大事，都由商王决定。从甲骨文和古籍上看，商王自称“我”“予”“朕”“余一人”“听予一人”“唯予一人”“王命……”“王令……”“王呼……”等，足以说明商王具有崇高的地位。再从商朝的政治制度特征上看，具有两个鲜明的特点：一是王权与神权相结合；二是王权与宗法制度相结合。这两点都有利于加强君主专制的统治。

商朝的行政管理和监督体制分为“内服”和“外服”。所谓内服是指商王朝直接统治的地区，外服是指直接统治以外的地区。从职官设置上看，商朝内服职官很多，有所谓“百执事之人”（《尚书·盘庚》）。已发现的卜辞（甲骨文）所记的官名，约有20多个，如“臣正”“多马”“多服”“尹”“多尹”“乍（作）册”“史”“吏”等。从商代铜器铭文（金文）上，也可见“臣正”“多亚”“尹”“乍（作）”“卿吏”“宰”“宗”等职官。在这些职官中，少不了监督和管理农业和手工生产等经济活动的官吏。在外服职官中，有侯、伯、男、甸等。《尚书·酒诰》就有“越在外服，侯、甸、男、卫、邦伯”的记载。这些外服诸侯必须对商王朝承担一定的义务，其中包括向商王朝进贡物品和为商王室服役以及耕种籍田。在这些经济活动中，离不开带有审计性质的经济监督活动。遗憾的是，现今人们能够见到的直接反映这些监督活动的文献资料和地下考古发掘资料极为稀少。但从现存的史料中还是能大体了解商代的政治经济情况和经济管理、监督情况，并从中看到一些带有审计性质的经济监督活动情况。

据《史记·殷本纪》，商纣“厚赋税从实鹿台之钱，而盈钜桥之粟。益收狗马奇物，充仞宫室，益广沙丘苑台，多取野兽蜚鸟置其中。慢于鬼神。大取乐戏于沙丘，以酒为池，县肉为林，使男女倮相逐其间，为长夜之饮”。这一方面反映了商纣王的挥霍荒淫，另一方面也反映了商朝财政经济的充裕。如果没有较强的经济管理监督体系，应当不会有如此丰厚的财政经济基础。建立在王权与神权相结合、王权与宗法制度相结合基础上的带有审计性质的经济监督活动，也应当不会没有。

从可识的有关甲骨文看，也不乏与经济监督活动相关的记载。商代田赋制度为“助”法，按孟子解释：“助者，藉也。”即借族人之力以耕种公田，这就是商代的藉田制度。甲骨文中有许多辞例证明确实有之，诸如“舌伊侯藉”。[①]“贞，乎雷藉于明。”[②] 这三条卜辞都是关于族人参与藉田情况的记载。由于藉田关系到商王朝财政收入，所以商王十分重视，有时还亲自前往视察藉田。在卜辞就有这样的记载：“己亥卜贞，

① 《合集》第9511片。

② 《合集》第14片。

王其观藉延往。”[①] “庚子卜贞，王其观藉往，十二月。”[②] “王勿藉……”[③] 这三条卜辞都是问王是否亲自前往视察藉田。这种视察藉田的活动，正是一种最高形式的经济管理监督活动，其中肯定不含有审计监督性质的成分。除藉田外，商王朝还向诸族征取人员、牲畜、卜甲、卜骨、财宝物品等，这些在甲骨文中都有记载，诸如：“己亥卜宾贞，翌庚寅令入戈人。”[④] “登奠臣。”[⑤] “……戌卜贞，禽见（献）百牛，用自上示。”[⑥] “雀入二百五十。”[⑦] “吴入五十。”[⑧] “贞，乎吴取弓。”[⑨] 这些卜辞就记载了族人贡纳人员、牛、龟甲、玉、弓等事项。在贡纳过程中，应当也少不了具有审计性质的监督活动。

商朝王室的内廷政务管理职官，主要有“宰”和“臣”，其与商王的关系极为密切。这在卜辞中也有记载，限于篇幅，此处不再详述。

---

① 《合集》第 9501 片。
② 《合集》第 9500 片。
③ 《合集》第 17407 片。
④ 《合集》第 8393 片。
⑤ 《合集》第 635 片。
⑥ 《合集》第 102 片。
⑦ 《合集》第 1868 片。
⑧ 《合集》第 13358 片。
⑨ 《合集》第 9827 片。

在此特别指出的是，从卜辞看，“宰”和“臣”的职能中都含带有审计性质的监督职能。在中国古代，“监管合一”“监审合一”是很常见的，一方面是由于管理与监督、审计尚未发展到细分阶段，另一方面也是维护集权统治的需要。另外，商代“宰”的出现，在中国审计发展史上具有极其重要的历史意义，因为从后来西周出现的“宰夫”的职能看，已具审计雏形，其渊源则出于商代的“宰”。

（六）审计雏形出西周

如果说中国古代审计孕育、萌芽于夏、商两代，那么可以说，中国古代审计雏形出现在西周时期。

西周是中国奴隶制高度发展阶段，其行政管理体制已与夏、商不同，且已获很大发展，形成了一个从王室到地方较系统的行政管理和监督体制，其最明显的特征是将宗法制度与政权组织更加密切地结合在一起，由此也带来西周整个监督机制的变化，具有审计性质的经济监督制度应当也不会例外。

研究西周历史，都离不开《周礼》这部基本要籍。对《周礼》的成书年代和所反映的西周社会情况的可信程度，史家多有怀疑，但半个多世纪以来，特别是近十几年来，不乏利用西周铭文，对照《周礼》记载研究西周社会者，且多有所获。大多数学者认为，完全肯定和基本否定《周礼》的史料价值，都是不妥当的。研究西周官制的学者就认为：“《周礼》在主要内容上，与西周铭文所反映的西周官制，颇多一致或相近的地方。正确认识和充分利用《周礼》是西周职官问题研究中不容忽视的问题。”[①] 这也为我们研究西周时审计的发展，提供了一种科学方法。我们必须承认，客观上存在着这样一个理论平台——《周礼》虽然不是也不可能是西周社会的全景实录，但它在一定程度上，从一些侧面反映出西周社会的某些情况，应当能供我们寻觅些雪泥鸿爪。从《周礼》有关记载可知，西周有冢宰、小宰、宰夫等职官，从其各自的职掌看，小宰和宰夫都具有审计性质的职能。据《周礼·天官》记载：“小宰之职，掌建邦之宫刑，以治王宫之政令，凡宫之纠禁。”“经叙受其会”“听出入，以要会”“月终，则以官府之叙，受群吏之要。替冢宰受岁会，岁终，则令群吏致事。”这里的“听出入，以要会”，是最具审计

---

① 张亚初、刘雨：《西周金文官制研究》，中华书局 1986 年版。

性质的监督活动。再据《周礼·天官》记载："宰夫之职，掌治朝之法，以正王及三公、六卿、大夫群吏之位。掌其禁令，叙群吏之治。""岁终，则令群吏正岁会。月终，则令正月要。旬终，则令正日成。而以考其治，治不以时举者，以告而诛之。"由上述记载可知，宰夫"掌治朝之法"，监督"群吏"，通过"岁会""月要""日成"等方式，进行年终、月终和旬终的稽查考核，主要内容是"考其治"。这里所考的"治"，当然包括对经济活动的"治"。《周礼·天官》对宰夫职能还有这样的记载："掌治法以考百官府群都县鄙之治，乘其财用之出入，其足用长财善物者赏之。"这段叙述更具有典型的审计意义，是说计算、核查"百官府群都县鄙"的"财用之出入"，凡造成财物损失，伪造作假者，给予严惩，凡能够合理用财，增加财源，善用物品者，给予奖赏。

通过以上对《周礼》有关记载的分析，至少告诉我们这样一个历史景象：西周时期已出现了具有审计职能的职官——小宰和宰夫，两者都依照有关的"法"，通过"听出入，以要令""岁会""月要""日成"等方式进行带有审计性质的经济监督活动。再从西周铭文中看，已被众多学者证实铭文中多有有关“宰”的记载。因而，我们说西周的“小宰”“宰夫”已初具审计的雏形，应当是能够成立的。

（七）春秋战国话“御史”

研究中国古代审计在春秋战国时期的发展，除“上计”制度这一脉络外，还有一条不能忽视的脉络，即“御史”监察制度。因为“御史”一职虽在商周时期已有设置，但经春秋至战国，已渐具行政监察职能，其中亦孕含有审计性质的职能。更为重要的一点是，及至秦汉，已演化为完整的御史监察制度，愈加凸现审计性质的职能，且成为嗣后一千余年中国封建社会的一项重要制度。

御史最早为史官，兼掌监察，至战国，御史仍随王左右，司记言记事之职，但其监察的职能逐渐强化。御史随王监察大臣行为，有时也受遣至郡县监察。战国时期的韩、魏等国已在郡县地方机构里设置御史，以对地方官进行监察，其中少不了对地方官的财经活动进行监督。例如魏国就设有“监县御史”，史载：“安邑之御史死，其次恐不得也。输人为之谓安令曰：‘公孙綦为人请御史于王，’王曰：‘彼固有次乎？吾难败其法'，因遽置之。"① 吴师道注云："大事纪云，据此则六国已遣御史掌监矣，非独秦也。"后至秦汉，均以副宰相领御史大夫，正是源自战国御史职掌强化的结果。御史一职，由春秋前史官性质演化为后世的纠察官吏的监察官员，绝非偶然。实因御史先天具有刚直不阿，秉笔直书的特有品格，其职掌要求其必须据实记录，对官吏、王公大臣、甚至帝王的所有言行，无论是错误、丑行，还是罪恶都要逐一实录，不讳恶，不扬善，善恶必书。这就使得这种监督具有先天的道德上的独立性。正是御史的这种独立地位，强化了对王公官吏所有言行的监督，应当也少不了带有审计性质的监督。由于御史的独特监督、监察性质，后来将御史冠名獬豸冠，即是对御史品格的褒赞。而对柱下史的法冠以铁为柱，更是象征着御史"审固不挠"。再者，御史掌管文书奏章，与国君接触频繁，深受国君宠信，多接受重要机密公务，所反映官员的功过得失，也最为国君相信，因此，长而久之，御史渐成国君的"耳目"，而其监督、监察的职能也逐渐显现、加强。所以到后来，凡国君会群臣时，就出现"执法在旁，御史在后"的场景，可见御史地位之高。

---

① 《战国策》。

春秋战国时期的御史监察制度，为秦汉以降的中国古代审计制度，开另一先河，具有承上启下的重要意义，我们在研究中国古代审计发展史时，必须予以充分重视。

（八）春秋战国说“上计”

春秋战国是中国古代社会第一个激烈变革时期。这一时期，“礼崩乐坏”，社会动荡，诸侯争霸，列国称雄，中国社会正处于由奴隶制向封建制转变时期。中国古代审计自西周呈现雏形至春秋战国，又进入了一个新的发展阶段。这个发展阶段的典型标志就是在西周“听出入，以要会”“听其会计”基础之上演进发展而来的“上计”制度。古代文献为我们留下了许多弥足珍贵的关于“上计”活动的记载，研究起来，很有兴味，且发人深思。

从史籍分析看，“上计”始于春秋时期，最早见于《晏子春秋·外篇第七》：“晏子治东阿，三年，景公召而数之曰：‘吾以子为可，而使子治东阿，今子治而乱，子退而自察也，寡人将加大诛于子。’晏子对曰：‘臣请改道易行而治东阿，三年不治，臣请死之。’景公许。于是明年上计。”这说明齐景公时（公元前547年至前490年）已实行“上计”制度，并且“上计”

还是考核官员政绩的重要措施。在《韩非子·外储说右》中有这么一段记载："田婴相齐，人有说王者曰：'终岁之计，王不一以数日之间自听之，则无以知吏之奸邪得失也。'王曰：'善。'田婴闻之，即遽请于王而听其计。王将听之矣，田婴令官具押券斗石参升之计。王自听计，计不胜听，罢食，后复坐，不复暮食矣。田婴复谓曰'群臣所终岁日夜不敢偷怠之事也，王以一夕听之，则群臣有为劝勉矣。'王曰：'诺。'俄而王已睡矣，吏尽揄刀削其押券升石之计。"这段记载是说田婴令财计官员拿着"听计"时用的"押券"（一种木质的凭证、券契，上面刻有粮粟升石之数），请齐王"听其计"，当齐王"听计"因困乏而睡着时，奸吏竟敢弄虚作假，用刀修改"押券"上的"升石"数字。这是当时的一则反面典型事例，但从一个侧面也反映这种"听计"活动，具有显明的审计性质。

除齐国外，其他各国也有这种"上计"活动。比如魏国，"西门豹为邺令，……居期年，上计，君收其玺。……期年，上计"① "解扁为东封，上计而入三倍，有司请赏之"。② 再比如

---

① 《韩非子·外储说左》。

② 《淮南子·人间训》。

赵国，“赵襄子之时，以任登为中牟令，上计”。[1]秦国也有“上计”活动，“昭王召王稽，拜为河东守，三岁不上计”。[2]“上计”制度之所以在各国推行，实受当时社会政治、经济制度变革影响，各国均须强化封建集权，掌握财政经济命脉，势必通过实施“上计”制度来强化自己的统治地位。诸侯列国君主似乎都感受到“上计”对治国所起的作用，因而多仿效行之，在当时已成为流行趋势，当毋庸置疑。

春秋战国时期出现的“上计”制度，是在西周时期“听其会计”“岁会”“月要”“日成”三年“大计”等制度基础上演进发展而来的，这种固有的历史渊源关系不能割断。当然，这仅是中国古代审计自西周至春秋战国发展过程的一条脉络，但不是唯一脉络。因而，我们不能说，春秋战国时期的“上计”就是审计（完整意义的审计），因为这种“上计”活动所包蕴的内容很复杂，诸如财政监督、行政监察、官吏考绩等成分。但“上计”本身所显现出来的审计监督性质是显而易见，不容忽视的。

---

① 《吕氏春秋·知度》。

② 《史记·范雎蔡泽列传》。

（九）“上计”制度在西汉的发展

中国古代审计自秦发展到西汉是围绕着“上计”这条主线展开的。虽说“汉承秦制”，但西汉的“上计”制度在诸多方面大有创建与发展。

第一，在立法方面，西汉已颁发有关“上计”制度的《上计律》，可惜迄今尚未发现其原本或有关律文。目前，只能从其他有关典籍记载中略知一二，例如《周礼·春官·典路》注：“汉朝《上计律》：‘陈属车于庭。’”是为《上计律》佚文。另可佐证西汉确有《上计律》存在的考古发掘，是1993年出土于江苏省连云港市东海县尹湾村西南的尹湾汉墓简牍，其中出有《集簿》，此《集簿》即为上计簿①，可与《上计律》互为印证。

第二，在“上计”程序上，秦由县直接向中央“上计”，而西汉则由县上报汇总至郡国，再由郡国核实后汇总上报至中央。这是由于西汉实行以郡统县的行政管理体制的缘故，这在客观上增加了一道郡对县的监督环节，已带有“分级监督”的色彩。

---

① 《尹湾汉墓简牍》，中华书局1997年版。

第三，郡国“上计”由丞相、御史两府主持。最突出的是在丞相府设主计官，直接掌管“上计”事务，这一史实在《史记》和《汉书》中都有记载，最著名的就是关于张苍担任“计相”的记载。据《史记·张苍列传》记载：张苍“迁为计相，一月，更以列侯为主计四岁。——而张苍乃自秦时为柱下史，明习天下图书计籍。苍又善用算律历，故令苍以列侯居相府，领主郡国上计者”。至宣帝时，“上计”出现虚假浮夸，要求御史大夫加强核察。黄龙元年（公元前49年），宣帝颁诏：“方今天下少事，繇役省减，兵革不动，而民多贫，盗贼不止，其咎安在？上计簿，具文而已，务为欺谩，以避其课。三分不以为意，朕将何任？诸请诏省卒徒自给者皆止。御史察计簿，疑非实者，按之，使真伪毋相乱。”① 这种由御史大夫审核监察的措施，产生了一定的效果，大司农谷永在推荐薛宣的上疏中称：“（薛）宣考绩功课，简在两府，不敢过称以奸欺诬之罪”②。

第四，“上计”成为考核地方官员政绩的重要措施，受到皇帝的高度重视。史籍中就有多处

① 《汉书·宣帝纪》。
② 《汉书·薛宣传》。

关于皇帝亲自“受计”的记载。如武帝元封五年（公元前106年），“春三月，还至泰山，增封。甲子，祠高祖于明堂，以配上帝，因朝诸侯王列侯，受郡国计。”①；《汉书·武帝纪》记载，太初元年（公元前104年），“十二月，□高里，祠后土。东临勃海，望祠蓬莱。春还，受计于甘泉”；天汉三年（公元前98年），“三月，行幸泰山，修封，祀明堂，因受计”；太始四年（公元前96年）“春三月，行幸泰山。壬午，祀高祖于明堂，以配上帝，因受计”。武帝亲自“受计”这一活动，不能简单地认为武帝就是最高审计官，但可说明，“上计”活动的重要性。地方官员对“上计”也极为重视，武帝时会稽太守严助数年不向中央报告，武帝赐书问责，“（严）助恐，上书谢称：‘一臣助当伏诛。陛下不忍加诛，愿奉三年计最。’诏许，因留侍中”。严助愿以三年“上计”都能评为第一（计最）来赎罪，可见当时“上计”在人们心目中的地位的重要。

第五，“上计”活动的主要方式就是查账，即审核稽察“计簿”。“计簿”记载的内容包括财政、经济等各方面的基本数字，如户口、垦田

---

① 《汉书·武帝纪》。

数、钱谷出入、农事丰歉、灾情等，其中登记最多的还是钱谷财物等数额。如居延汉简中就多有“赋钱出入簿”“钱出入簿”“财物出入簿”“谷出入簿”等。居延汉简中就有这种记载：“□凡粟二千五百九十石七斗二升少/凡出千八百五十七石三斗一升/今余粟七百三十三石四斗一升少/校见粟七百五十四石二斗”[①]，其中“凡”即总计的意思；“凡出”是指总共支出的数量；“校见”即经核校后现在的数量。从这部分简文看，账簿中记载着收、支、余、差的具体数额，并明文标出“校见”字样，可见这已是很典型的审计活动。更令人兴奋和折服的是，在《居延新简》中有一简上有这样的记载：“虏持循、弩箭去。审。”[②] 这是对武器损失数量及其真实性审查后的评语，这里已直接标示出“审”的字样，可以说，这是中国古代审计发展史上具有突破意义的事情。

总括起来看，秦至西汉，审计制度和审计活动主要包含在“上计”制度和“上计”活动中，这一观点当是能够成立的。

---

① 《居延汉简甲乙编》）下册。

② 《居延新简》。

（十）古代审计在秦代的发展[①]

公元前221年，秦始皇统一中国，建立起中国历史上第一个统一的中央集权的封建国家。为适应加强封建集权统治的需要，秦始皇推行郡县制，建立一整套有利于加强中央集权的封建官僚机构。其主要做法是在中央设立三公九卿官僚机构。三公为丞相、太尉、御史大夫；九卿为奉常、郎中令、卫尉、太仆、廷尉、典客、宗正、治粟内史、少府。其中，丞相职位最高，辅助皇帝掌政事，太尉掌军事，御史大夫掌监察。地方设置郡县两级，“分天下以为三十六郡，郡置守、尉、监”。[②] 其中，“监”是监郡御史的简称，监郡御史辖于御史大夫。县设县令、长、县丞、县尉。县级不设监察官。御史大夫的主要属丞是御史中丞，处于“亚长”“贰大夫”的地位，随侍皇帝左右，实掌监察朝廷、皇室及百官公卿之职，另外还主管奏章、图籍、秘书等职务。秦还设有侍御史，因其职掌及朝会时总是侍立在殿柱之下，所以又称“柱下史”。据史书记载，柱下

---

① 本文参考文献《睡虎地秦墓竹简》，文物出版社1978年版。

② 《史记·秦始皇本纪》。

史即直接掌管地方“上计”的簿籍。从有关史料看，秦朝御史监察系统的监督活动，比前代“御史”职掌带有更为明显的审计性质的色彩。从某种意义上说，秦朝大一统中央封建集权统治下，从中央到地方带有审计性质的监督体系已初现端倪，并可视为中国古代审计发展的一次跳跃。

更能说明以上判断的史料依据，就是1975年在湖北省云梦县睡虎地出土的秦墓竹简所提供的宝贵而确凿的记载。从云梦秦简看，秦不仅地方的行政长官必须在岁终时“上计”，而且各业务部门、机构的官吏，也必须按系统将一年的工作情况向上级主管部门呈报。比如地方的仓储部门，必须将有关粮食物资的保管及收支情况的簿籍，向中央的“治粟内史”及其所属的“太仓”上报。这种要求把各种簿籍必须随同财粮户籍报告文书一并上报的制度，即称“计偕”①。虽然这种“上计”活动主要适用于对地方行政长官的考核，但它所采用的手段具有审计性质。

云梦秦简中还有多处直接反映审计活动的记录。如《效律》载：“为都官及县效律：具有赢、不备，物直（值）之，以其贾（价）多者罪之，勿赢（累）。”是说制定都官和县核验物

① 《睡虎地秦墓竹简·仓律》，文物出版社1978年第1版。

资财产的法律，如有超出或不足数的情形，每种物品均应估价，按其中价值最高的论罪，不要把各种物品价值累计在一起论罪。再如《效律》载："计用律不审而赢、不备，以效赢、不备之律赀之，而勿令赏（偿）。"是说会计不合法律规定而有出入，按核验实物时有超出或不足数的法律罚金，但不令赔偿。《效律》还载："官啬夫赀二甲，令、丞赀一甲；官啬夫赀一甲，令、丞赀一盾。其吏主者坐以赀、谇如官啬夫。其它冗吏、令史掾计者，及都仓、库、田、亭啬夫坐其离官属于乡者，如令、丞。"这条律文即具体规定了对参与会计工作而造成失误的有关官吏的惩罚办法。

另还有律文规定："计校相缪（谬）（也），自二百廿钱以下，谇官啬夫；过二百廿钱以到二千二百钱，赀一盾；过二千二百钱以上，赀一甲。人户、马牛一，赀一盾；自二以上，赀一甲。"① 具体是说会计经过核对发现差误，错算数目在二百二十钱以下，斥责该官府的啬夫；超过二百二十钱到二千二百钱，罚一盾；超过二千二百钱以上，罚一甲。错算人口一户或牛马一头，罚一盾；两户或两头以上，罚一甲。《效

① 《效律》。

律》还规定："计脱实及出实多于律程，及不当出而出之，直（值）其贾（价），不盈廿二钱，除；廿二钱以到六百六十钱，赀官啬夫一盾；过六百六十钱以上，赀官啬夫一甲，而复责其出(也)。人户、马牛一以上为大误。误自重□(也)，减罪一等。"这条律文是说会计账目不足或多过实有数，超出了法律规定的限度，以及不应销账而销了账，估计其价值，不满二十二钱，可免罪；二十二钱到六百六十钱，罚该官府的啬夫一盾；超过六百六十钱以上，罚该官府的啬夫一甲，并仍责令赔偿所销账的物品。错算人口一户或牛马一头以上是大误。如系自行查觉错误，可减罪一等。从以上律文均可见秦的审计活动开展得已很深入、广泛，且有法律依据。还有更值得一提的是，秦对经管钱财粮物和账目的官员调离或免职时，都要办理移交手续，并进行离任考核，分清各自的经济责任。若有问题，均予以复查处理。这在《效律》中也有记载："仓啬夫及佐、史，其有免去者，新仓啬夫、新佐、史主□者，必以□籍度之。其有所疑，谒县啬夫，县啬夫令人复度及与杂出之。禾赢，入之；而以律论不备者。"这种创新可谓现代离任经济责任审计之滥觞。

（十一）因循有变的东汉“上计”

西汉的“上计”制度和“上计”活动对东汉产生了很大的影响，东汉在承袭西汉“上计”制度的基础上，“上计”的具体做法和形式等又有别于西汉，但对“上计”的重视不亚于西汉及前代。兹略述如下：

一是西汉时郡国的“上计”，由郡丞、长史担任，上计吏随同郡丞、长史去京师“上计”。至东汉时，“上计”不再由郡丞、长史负责，而是改由上计吏专责，上计吏始为上计的专吏。东汉上计吏的称谓有二：一为“上计掾”；一为“上计史”。据《隶释》收存《南阳太守秦颉碑阴铭》所载：“上计掾平氏朱谅季平、上计掾□□育子和、上计史宛卓韶、伯、上计史宛□芰□□。”即表明东汉确设有“上计掾”和“上计史”。另据《后汉书·范式传》：“长沙上计掾史到京师，上书表式行状，三府并辟，不应。”此段引文中的“上计掾史”，可视为“上计掾”和“上计史”的合称，也可在句读时作“上计掾、史”解。典籍中也有将其称为“上计吏”的，如《后汉书·度尚传》载：“乃为宦者同郡侯览视田，得为上计吏。”再如《后汉书·公孙瓒传》载：“举为上计吏。”《续汉书·礼仪志》载：“郡国上计吏以次当神轩，占其郡谷价，民所疾苦，欲神知其动静。”这里的“上计吏”就是指“上计掾吏”。东汉的“上计”活动由专职官吏负责，从某种意义上说，在独立性和专职化上比西汉前进了一步。但是，由于上计吏职官地位低于西汉时期，因而“上计”的地位，实际上降低了。

二是“上计”重要性的观念，仍继续影响着东汉的统治者，直到东汉末年都是如此。如东汉末年，陆康为庐江太守，“献帝即位，天下大乱，康蒙险遣孝廉计吏奉贡朝廷，诏书策劳，加忠义将军，秩中二千石”。[①] 再如献帝时，刘翊为颍川上计掾，“是时寇贼兴起，道路隔绝，使驿稀有达者。翊夜行昼伏，乃至长安。诏书嘉其忠勤，特拜议郎，迁陈留太守”。[②] 刘翊作为“上计掾”，排除万难，完成上计使命，终获升迁，足见“上计”在献帝心目中的地位。

另外，东汉的皇帝也像西汉的皇帝一样受计。据班固著《东京赋》：“春王三朝，会同京汉，是日也，天子受四海之图籍。”[③] 即可为佐证。据《后汉书·明帝纪》明帝永平二年正月

---

① 《后汉书·陆康传》。

② 《后汉书·独行传》。

③ 《昭明文选》卷一。

辛未诏："今令月吉日，宗祀光武皇帝于明堂，以配五帝。……群僚藩辅，宗室子孙，众郡奉计。"可见对"上计"的重视。

三是郡国上计吏可留在朝廷任职，这是西汉时期所不曾见过的。据《后汉书·和帝纪》，和帝永元十四年，"初复郡国上计补郎官"，此"补郎官"制度一直实行至东汉末。前引《后汉书·度尚传》言度尚即"拜郎中，除上虞长"，可见至灵帝时仍在实行以上计吏为郎的制度。这一制度也可以从一个侧面反映上计吏与朝廷关系的密切程度。

四是东汉时期受计也有以司徒受计的情况。据《后汉书·文苑传·赵壹传》载："光和元年，(壹) 举郡上计到京师，是时司徒袁逢受计，计吏数百人皆拜伏庭中，莫敢仰视，壹独长揖而已。"从所描绘的场景看，司徒袁逢很是威严，可见"上计"地位之高，虽不是丞相或皇帝亲自主持"上计"，但上计吏们对"上计"活动的敬畏神态，跃然纸上，足见"上计"仪礼的庄严。

东汉"上计"的内容仍如西汉及前代，主要仍为钱谷出入、户口、垦田数等与维护封建统治制度关系密切的重要政治经济事项。但是，东汉时期"上计"中所包含的审计活动内容比前代更加丰富，为促进中国古代审计制度的形成，起到了重要的推动作用。

二、魏晋南北朝时期的审计

白 玉 贵

（一）“比部”的产生和延续

三国时期，曹魏的尚书台发生了两次较大的变化。一次是从少府中分离出来，使尚书台成为从组织到职权都完全独立的中央行政机关。洪饴孙在《三国职官表》序中说：“曹氏官制名与汉同，而实变之……内则尚书、侍中别为一台，而不属少府。”他在同书卷中尚书台条中又说：“汉和帝时南阳左雄为尚书令……所居曰尚书台，出征则以行台从。汉犹隶少府，魏时政归台阁，则不复隶矣。”何谓台阁？《群书考索》续集卷三十三说：“所谓台阁，乃尚书之职。”可知，台阁即尚书台也。实际上这就是尚书台总理朝政，诸曹尚书主事的一省制格局的初步形成。

那么，尚书台的内部机构和官员是怎样设置呢？大致有如下几个层次：最高层官员为录尚书事，以为尚书台主，由皇帝指定亲信大臣兼任。他的权力极大，“军国大事，总而裁决”，固被称宰相。但是，录尚书事并不常设，经常设立的尚书台主仍为尚书令，他的权力也很大，无录尚书事，他就代行其职权。所以，尚书令也可以称为宰相。尚书令之下，设左右仆射，为令之副贰。尚书令、仆的主要职责是总领台事，并协助皇帝处理军国大事。具体掌管尚书台内部事务者，为尚书左右丞。左丞主台内禁令，及掌管宗庙祭祀、朝廷礼仪；右丞主台内仓库、庐舍、器物及督录各地的文书章奏事。尚书台具体掌管全国政务者，为诸曹尚书。曹魏设五曹，西晋改为六曹。魏晋以后的曹名和曹数屡有变更，其分工也不尽一致，但六曹之设，已逐渐定型。各曹的长官称尚书，每曹之下，根据事务的繁简又分成若干小曹，以尚书郎或郎中为长官，统领令史、书令史各若干名，分管曹内具体事务。小曹的数目各朝也不相同，曹魏为 25 小曹，西晋为 35 小曹，而北魏则设 36 小曹。

曹魏时尚书台另一次较大的变化，就是台内小曹的设置更加适应了社会经济发展的需要，专设了经济监督的机构和官员。这就是黄初年间在某曹尚书之下产生了比部或叫比部小曹，其职官称比部郎或郎中。《通典》卷二十二《职官四》历代尚书郎条说："魏自黄初，改秘书为中书，置通事郎，掌诏草（即中书舍人之任也）。而尚书郎有二十三人，（有殿中、吏部、驾部、金部、虞曹、比部、南主客、祠部、度支、库部、农部、水部、仪曹、三公、仓部、民曹、二千石、中兵、外兵、都兵、别兵、考功、定课……青龙二年，尚书令陈矫奏置都官、骑兵，合凡二十五郎）。”其实这段比部小曹和比部郎设置的史实，在南朝梁时沈约所撰的《宋书》和唐初房玄龄、褚遂良等撰的《晋书》中都早有记载，只不过没有标明魏“黄初”而已。《宋书·百官志上》说：“魏世有殿中、吏部、驾部、金部、虞曹、比部……（又有）都官，骑兵二曹郎，合为二十五曹。”《晋书·职官志》也说：“至魏，尚书郎有殿中，吏部、驾部、金部、虞曹、比部……都官、骑兵，合凡二十五郎。”在这些记载职擢官之外，宋朝孙逢吉所撰的《职官分纪》中还记载了曹魏时何真任比部郎中的事例。如该书卷十一载：“魏志何真奏许都赋，明帝奇之，擢拜比部郎。”另外，《宋书》和《晋书》中，不仅记载了魏、晋、宋尚书郎的设置，而且还记述了晋、宋间尚书郎六七次增减变化的情况。如曹魏的 25 小曹中有比部；西晋时曹郎数有增无减而为 35 郎，其中有比部；东晋初减掉了直事、右民、屯田、车部、别兵、都兵、骑兵、左士、右士等10曹，在所余17曹中有比部；[1] 康穆以后减去虞曹、二千石，所余10曹中有比部；后又减主客、起部、水部，余15曹中仍有比部；宋高祖初，又置骑兵、主客、起部、水部4曹郎，合为19曹郎，其中还有比部；宋太祖元嘉十年，“省仪曹、主客、比部、骑兵4曹郎”；然而次年（元嘉十一年）省掉的4曹郎“又并置”，又有比部；以后元嘉三十年和宋太宗世的两次增减，皆没涉及比部。可见，在晋、宋间尚书郎的增减变化中，除了宋元嘉十年这一年外，比部是一直存在的，说明其在政府管理职能中占有非常重要的地位。

除了魏晋和南朝的宋有比部和比部郎的设置外，其他如南朝的齐、梁、陈和北朝的北魏、北齐、北周，是否也有比部的设置呢？回答是肯定的。《南齐书·百官志》云：（南齐）“吏部尚书领吏部、删定、三公、比部。”可知南齐有比部。《唐六典》卷六刑部尚书条云：“比部郎中一人，从五品上。”其注云：“魏氏置，历晋、宋、齐、后魏、北齐皆有郎中。后周天官府有计部中大夫，盖其任也。梁、陈、隋并为侍郎，炀帝曰比部郎。自晋、宋、齐、梁、陈皆吏部尚书领比

① 《宋书·百官志上》第23注云：“疑曹数有误。”

部，后魏、北齐及隋则都官尚书领之，皇朝因焉。”《通典·职官四》还专门指出北齐28曹郎中有比部，并说：“后魏、北齐唯置郎中。”

总括上述史书的记载，可以得出这样的结论：始自魏黄初，在尚书台中产生了比部和比部郎以来，其后历西晋、东晋和南朝的宋、齐、梁、陈，以及北朝的北魏、北齐和北周，直至隋、唐，都沿袭了这一机构和职官，它开创了我国中古时期设立独立审计机构和审计官员的先河。

（二）魏晋南北朝时期比部设置的演变

前文已经说过，比部是经济监督机构（即审计机构）。那么，它在魏晋南北朝时期是怎样设置的呢？是一开始就是独立的经济监督机构，还是先设置在管钱管物的机构之内，后来由于如此设置的监督机构有局限性，不利于开展监督工作，而逐步发展成为脱离管钱管物的机构之外的独立的经济监督机构呢？我们的答案是后者而不是前者。综观魏晋南北朝时期比部的设置，大致可分为以下三个阶段：

曹魏时期比部设在度支曹

从曹魏开始，尚书台从少府分离出来，成为从组织到职权都完全独立的机构以后，其所属主事的列曹尚书是时而为五，时而为六。但是，曹魏时一直是五曹尚书。梁人沈约撰的《宋书·百官上》说："魏世有吏部、左民、客曹、五兵、度支五曹尚书。"唐人房玄龄等撰的《晋书·职官志》说："及魏改选部为吏部，主选举事，又有左民、客曹、五兵、度支，凡五曹尚书。"杜佑在《通典·职官四》中也说："魏有吏部、左民、客曹、五兵、度支，凡五尚书。"这五曹尚书者各掌何职？清人洪怡孙在《三国职官表》卷中《尚书台》条中说："吏部主选举事，左民主修缮、功作、盐池、园苑，客曹主外国夷狄，五兵主中兵、外兵、骑兵、别兵、都兵，度支专掌军国支计。"那么，曹魏的五曹尚书都各分管25个曹郎中的哪几个曹郎呢？明人王光鲁在所撰的《古今官制沿革图》（北京图书馆藏明末刻本）中是这样排列的：吏部尚书统吏部、殿中、三公、二千石、考功、定课；五兵尚书统中兵、外兵、别兵、都兵、骑兵、驾部；左民尚书统右民、都官、农部、水部；客曹尚书统主客、仪曹、祠部、虞曹；度支尚书统度支、比部、金部、仓部、库部。《古今官制沿革图》中所列五曹尚书，及其所统辖的25个曹郎官，与《晋书》《宋书》《通典》《三国职官表》中所列完全相同，唯《晋书》《通典》不称右民而称民曹，主客《三国职官表》称南主客。再就是五曹尚书的排列次序与上述四部尚书不完全相同。然而，吏部尚书为首的地位是相同的。既然比部归度支尚书管辖，而度支尚书掌管全国租赋的计算、调拨和收支等事，即《三国职官表》所说的“专掌军国支计”。所以，这时的比部是设在管钱管物的机构之内的经济监督机构，还不是独立的经济监督机构。

南朝宋时比部设在吏部曹

那种设在管钱管物的机构之内的经济监督机构，受管钱管物的度支尚书直接领导，缺乏必要的独立性，不利于开展经济监督工作，它必将随着社会经济的发展变化而变化。因而，到南朝宋时，改为“吏部尚书领吏部、删定、三公、比部四曹”[①]。其中“吏部、删定、三公”，主要是管官吏和法制的，而且吏部尚书的权力又高于其他各曹尚书，这时比部的独立性已高于曹魏时期，成为独立于管钱管物的单位之外的经济监督机构，有利于经济监督工作的开展。

北朝北齐时比部设在都官曹

到北朝的北齐时，由都官尚书（隋时改为刑部尚书）统领比部。《隋书·百官志中》云：

---

① 《宋书·百官志上》。

“都官统都官（掌畿内非违得失）、二千石（掌畿外得失等事）、比部（掌诏书、律令、勾检等事）、水部（掌舟船、津梁、公私水事）、膳部（掌侍官百司礼肴馔等事）五曹。”南北朝时都官是既管法制，又管监察，由它来统管比部，不仅有较大的经济监督的独立性，而且也便于勾检中“取律例相比况”。

总之，从比部的统领关系的变化来看，魏晋南北朝时期的财经监督（即审计监督）工作的发展，是符合一般事物的发展规律的，从萌芽状态到比较成熟，从缺乏独立性到有较大的独立性，是朝着更有利于勾检（审计）工作开展的方向发展。

（三）魏晋南北朝比部职掌的分析

在分析比部职掌之前，似有必要把魏晋南北朝时期有关史书的体例略述几句。记载魏晋南北朝史实的所谓“正史”，从《三国志》到《隋书》共 12 部，占 24 史的一半。其中有“志”（记载典章制度）的只有 5 部，即《晋书》《宋书》《南齐书》《魏书》和《隋书》。而《隋书》的“志”，又“统括了南北朝时期典章文物之全，实为梁、陈、齐、周、隋五代作，所以又称五代史志”。[①] 其他7部“正史”，只有“纪”和“传”。因此，这个时期有关典章制度的一些问题，史无明载，存疑较多。另外，就是有“志”的5部史书，有些记载也比较简略，或差异较大，给今人写史带来了一定的困难。由于史料缺乏，有些问题只能是联想、分析或推测，还有待于进一步研究。笔者这里的所谓分析，只能是个初步尝试而已。

1. 遵循“曹所掌如其名”的原则或传统，分析比部的职掌。我国古代职官的职掌，多数是与其官名紧密相连的。如吏部，官署名，曹魏始置。《晋书·职官志》说：“及魏改选部为吏部，主选举事。”用今天的话说，就是管干部的任免、使用等事。如唐朝置六部，吏部为首，掌文选、勋封、考课等事。再如仓部郎，官名，曹魏设仓部郎，历代多沿袭之，为掌管粮食收藏发放等事的官员。金部，官署名，掌库藏钱帛金宝、出纳账籍审核及度量衡的政令等。屯田，官名，泛指管屯田的官员，如汉代的屯田郎、晋的屯田尚书等。那么，比部所掌何职？古代的一些学者，如顾炎武《日知录》的《比部》条，沈家本《历

---

① 张舜徽：《中国历史要籍介绍》，湖北人民出版社1955年版，第109页。

代刑法考》的《比部考》，都是寻其名，从分析比字的字义入手，进而分析其职掌。《说文解字注》八篇上，《比部》云：“比，密也。……其本义谓相亲密也。余义也、及也、校也、例也、类也、频也、择善而从之也、阿党也，皆其所引伸。”笔者认为在这些引伸中，“校也”最能反映比部之“比”的概念，即校比、考核的意思。《荀子·君道》云：“知虑取舍，稽之以成，日月积久，校之以功。”据此，又可以引伸为稽核、勾稽或勾覆，就是现在所说的审计。

2. 按照历史的连续性和发展的阶段性相结合的原理，分析比部的职掌。历史上任何事物一般都遵循着连续性和阶段性相结合而向前发展的。也就是说，任何事物一般都经过萌芽、产生直至成熟的发展阶段，很少有一蹴而就的。但是，从萌芽到成熟，又是一个完整的过程。如果没有萌芽，也就不可能有成熟的发展。所以，萌芽是成熟的基础，成熟中含有萌芽的因素。两者是不可分的统一整体。笔者在《比部产生简介》一文中说，比部是为了适应社会经济发展的需要而于魏黄初年间产生，也就是说它的产生是历史的必然。但是，它产生初期的职掌是啥？史无明载。直到南朝梁时沈约所撰的《宋书·百官志上》说：“（宋）以三公·比部主法制。”然而，笔者认为这条记载可能不对。因为不少有关南北朝史实的书中都说，魏晋南北朝具体掌管法律制定和修改的官员，是魏晋的定科郎和南北朝的删定郎。《册府元龟·刑法部·总序》说："魏武初建国，改廷尉为大理，又置律博士，又置定科郎，主定法令。"《通典·职官四》说："(晋)贾充改定律令，以裴楷为定科郎。"又说："(宋)元嘉十八年，增删定郎，即魏之定科郎也。"《册府元龟·刑法部·定律令二》说："南齐武帝永明七年，尚书删定郎王植撰定律章。"南朝之梁也特请齐时旧郎、"家传律学"和"明晓法令"的济阳蔡法度为兼尚书删定郎，专修《梁律》。综观魏晋南北朝时期议定律令者，都是按皇帝旨意临时组成的专门班子，而具体掌管修定律令的汇总等工作的则是尚书定科郎或删定郎，而不是比部郎。那么，为什么有的书说比部主法制呢？笔者推测，有没有可能因为秦汉的官律和魏晋南北朝的违制律是一脉相承的，都是针对官吏的违法犯罪而制定的。而魏晋南北朝时期又是贪污腐败成风，吏治败坏，管理不严，所以中央的比部郎和其管辖的令史、书令史，以及地方政府的主簿、录事参军，甚至一些御史官员也参与其中，抓了一些违制的大要案，在定性和量刑等过程中，每个环节都必须依法办事，误认为过程就是实质，混淆了执法与立法的界限，这也是常有的事。

经过300多年的实践，人们对比部职掌的认识逐渐明确了。《隋书·百官志中》在记述北齐的官制时说："比部掌诏书、律令、勾检等事。"这是比部产生以来，首次明确其职掌是勾检。这条史料非常重要，它是以前的推论和后来的解释是否正确的唯一根据。分而论之，它说明了以下几个问题：其一，笔者在本文第一部分，按照"曹所掌如其名"的原则或传统，从寻绎"比"字字义入手，推论比部的职掌为校比、考核、勾稽，实为今天的审计，看来是正确的，完全符合《隋书·百官志中》对北齐比部职掌的说法。其二，按照事物从萌芽到成熟是一个统一完整过程的原理，"勾检"绝不只是北齐比部的职掌，而应当是整个魏晋南北朝，直至隋、唐、宋时期比部的职掌。也就是说，曹魏比部产生时，及其以后的一段时间内，认识可能不太明确，职责比较笼统，而后来随着实践的发展，才越来越明确。正如王永兴先生指出的那样："唐勾检制的直接渊源，可就比部设置的时间来推定。……尚书比部的设置，始自魏黄初，其后，西晋、东晋、宋、齐、梁、陈、后魏、北齐、北周、隋沿袭了这一官职。……隋代的勾检制较前朝有较大的发展，唐承隋制，进一步发展成为完备的勾检制。”[①] 其三，把比部郎这个职官与国家的重要管理制度——勾检制联系在一起，并视为一体。中央的比部郎，及其诸司的主簿、主事、录事，地方政府的录事参军等作为勾检官，都行使勾检稽失的职责。所谓“稽”或曰“稽程”，即为是不是在国家规定的日程内把事情办完，如果没有按时办完，就是办慢了；所谓“失”，即为公事失错，也就是办事情违背了国家的制度规定，把事情办错了。无论是事情办慢了或办错了，都应由勾检官纠出。

我们在认定这条史料重要性的同时，还要指出其论述或用语也有费解或不太合乎逻辑之处。因而必须将其放在当时历史条件下，并在搞清三省分工的情况下，予以辩证地理解。首先，要明确何谓掌。《说文解字注》十二篇上手部云：“掌手中也。手有面有背。背在外则面在中，故曰手中。……玉裁按，凡《周礼》官名掌某者，皆捧持之义。”按现代的说法，掌也就是主管或主持的意思。其次，何谓“诏书、律令”？它们与“勾检”是什么关系？所谓“诏书”，是皇帝公开颁发的法令性文书，或者是对群臣奏请的裁

① 《唐勾检制研究》第1—2页。

定意见，都具有最高的法律效力，是指导国家机器运转的指令性文件。所谓“律令”，是指国家的法律法规，包括当时的律、令、格、式等各种法律形式。按魏晋南北朝时期的分工来说，中书省负责草拟诏书，门下省负责审核，或叫驳诏、驳奏，尚书省则是奉诏行事。既然如此，那么，尚书省下属的五六品的曹郎官，怎么能有掌诏书的权力呢？所谓掌“律令”，前边已经说过，这里就不再重复。总之是一句话，古代的勾检机关和现代的审计机关一样，都是执法部门，而不是立法部门。因此，《隋书·百官志中》所说的“掌诏书、律令、勾检等事”，只能理解为根据诏书的旨意和律令规定进行勾检。诏书和律令既是进行勾检的依据，也是对勾检中发现的问题进行定性和处理的标准。诏书、律令和勾检是主从关系，而不是平行或并列关系，但又是一致和不可分离的关系。如《历代职官表》说：“然考宋隋二志皆称比部主法制，则比字当亦取律例相比况之意，如汉志所云决事比者。”[1] 如果勾检官员违背了诏书和律令去勾检（即审计），不是违制，就是擅权，或者是职务犯罪，那就要受法律的制裁。

---

① 《历代职官表》卷十三，刑法部。

三、隋唐时期的审计

李 锦 绣

（一）隋唐时期的中央审计机构：比部

隋及唐前期的中央审计机构是置于尚书省刑部下的比部曹。

有关隋比部官吏设置情况并无详细记载，据《隋书》卷二八《百官志》，我们只知道隋初有比部侍郎一人，正六品上；员外郎一人，阶品不详。炀帝改比部侍郎为比部郎，“废诸司员外郎，而每［司］增置一曹郎”，这样比部就有了比部郎两人。不过炀帝的改革并未持续长久，很快，每曹又减少一郎，另置承务郎一人，同于此前的员外郎之职。在比部郎、比部承务郎的领导下，还有主事、令史等官吏，配合其工作。

唐初比部官员名称沿袭隋制，武德三年（620 年）改郎为郎中，承务郎为员外郎。终唐之世，比部置郎中一人，从五品上；员外郎一人，从六品上；主事四人，从九品上。比部官员构成，有两点值得注意：其一，比部的所有官员，只有区区六人。其二，与隋相比，比部郎中、员外郎的品级显然有所提高，它反映了比部曹的地位在国家机构中有所增强，这是比部重要性的体现。

比部的胥吏有令史 14 人，流外勋品；书令史 27 人，流外二品；计史 1 人，流外三品；掌固 4 人，流外七品。比部共有胥吏 46 人。此外，比部尚有有品直官 1 人。直官是具有其他职事官或散官、勋官、前官、常选人等，因有特殊技艺，以“直诸司”的身份于所在司从事技术活动，不受官品、时间的限制。比部直官应是精于勾检审计之人，是比部审计技术精密、准确的保证。

比部郎中、员外郎是比部曹司的领导，其职掌决定了比部的性质。有关隋代比部曹司的性质尚有争论。实际上，《册府元龟》卷四八三《邦计部·总序》记载，隋初掌“勾检”的是比部，至少比部职掌是记录明确的。《隋书》卷二八《百官志》记载，在所设行台省中，置有诸曹侍郎，其中刑部兼都官，度支兼仓部，户部兼比部。行台省官员设置是尚书省的缩影，少设一官由他官来兼，必以两官职权相近作为条件。刑部兼掌官奴婢的都官，而不是比部，表明刑部与比部职掌有一定距离。比部由户部兼掌，说明两者关系密切，所以如此，体现了比部职掌内容与财政密不可分。易言之，隋代的比部已与唐代一样，成了真正意义上的审计机构。

唐代比部郎中、员外郎的职掌有了明确记录。《唐六典》卷六记载，比部郎中、员外郎之职，“掌勾诸司百僚俸料、公廨、赃赎、调敛、徒役、课程、逋悬数物，以周知内外之经费，而总勾之”，“凡仓库出内（纳）、营造佣市、丁匠功程、赃赎赋敛、勋赏赐与、军资器仗、和籴屯收，亦勾覆之”。《通典》卷二三概括为：“掌内外诸司公廨及公私债负、徒役公程、赃物帐及勾用度物。”两书用词详略不同，但都记录了一个事实，即举凡一切中央、地方、军镇的收入和支出，无巨细，均由比部审计检查，这是比部郎官的职掌，也是比部曹司审计职能的体现。《新唐书·百官志》还列举了比部审计时间及审计方式，即“京师仓库，三月一比，诸司、诸使、京都，四时勾会于尚书省，以后季勾前季；诸州，则岁终总勾焉”。按所在地区分季检和年检两类，比部的主要审计方式为季终和年终的事后审计。

比部主事与尚书省其他司主事一样。隋初，诸台、诸省置主事令史，隋炀帝大业三年（607年），去“令史”之名，称主事。诸司主事按所司职务轻重设置，每十令史置一主事，当司不足十人者也置一主事，由有才术的士人充任。唐朝“并用流外入流者补之”[①]，成为流外官晋升为流内的常任官职。由于流外官的选拔标准为“书、计、时务”，其中书法与计算更为重要，因而流外多有“深知算术之数”的人。以精于数字计算和有行政经验的人掌比部郎官之下的审核、计算业务，正是用其所长，比部主事的选任标准保证了比部职能的正常发挥。

比部流外胥吏中，“令史、书令史分抄行署文书”，掌固“主守当仓库及厅事铺设”。令史、书令史是比部的抄写书记人员，同时也参加了公文的整理、预备，文案的初步处理，并要在办理的文案上署名，以示负责。在景龙三年（709年）颁下西州的比部符中，有比部员外郎“奉古”、比部主事“谢侃”、比部令史“钳耳果”、比部书令史某（名缺）的署名，体现了比部行政运作的管理官吏责任体系。

计史是比部的重要胥吏。计史“掌料功程”[②]，是专掌计会、计料、按制度核算与统计的典吏。比部与户部四曹等财政机构、少府监将作监等国家手工工场及营造机构一样，设有计

---

① 《唐六典》卷一。

② 《唐六典》卷十二。

史，表明了比部的财政审核性质。比部计史专掌账簿核算、会计，在比部胥吏中的重要地位是显而易见的。

隋唐时期中央设置审计机构比部，这是中国审计史上值得大书特书的事件。比部隶属于掌天下刑法的刑部尚书、侍郎之下，为尚书省刑部的四曹之一，具有法律监督性质。中央审计与财务行政机构户部四曹相分离，这是其职掌经魏晋南北朝渊源演变的发展结果，也是中国审计思想、审计制度成熟的标志。隋朝比部由郎中、员外郎行使审计职权，由主事监督管理令史、书令史的文案工作，已具有真正审计机构的规模。唐朝在隋制的基础上，进一步改进，在比部郎官的选任上向勾检、理财方向倾斜，由精通数字计算的流外入流官员担任比部主事，设置精于簿书会计、审核的胥吏计史，更重要的，配置不受官吏资格及任期长短限制的拥有杰出审计才能的比部直官，形成官、吏、直官三层运作体制，层层保证，最大限度网罗人才，成为完善的国家审计机构。唐代比部设置特色及其职官构成、官吏职掌体系，在中国审计史上具有划时代的意义。

（二）释“检勾之官”

《唐律疏议》卷五《名例律》“同职犯公坐”

条记载："诸同职犯公坐者，长官为一等，通判官为一等，判官为一等，主典为一等，各以所由为首；若通判官以上异判有失者，止坐异判以上之官。检、勾之官，同下从之罪。"对"检勾之官"，《唐律疏议》解释说："检者，谓发辰检稽失，诸司录事之类。勾者，署名勾讫，录事参军之类。"《名例律》是对《唐律》诸篇的总括，这里严格记录了唐代行政运作的四等官制和勾检官的地位、作用等。勾检官是唐代官吏中特殊的一类，他们的职掌在《唐律》中明确规定，即勾检稽失，若检覆有失，要承担法律责任，受到刑事处罚。在《唐律》中被作为一类官员提及并制有相应的量刑定罪条文，展示了这类官员的特殊地位。

中央诸司的检勾之官为录事、主书、主事、主簿、录事参军事等。门下省设录事四人，从七品上；中书省有主书四人，从七品上；秘书、殿中、内侍等五省均置有主事一二人，从九品上、下；太常、光禄等九寺、国子、将作、少府等五监及御史台，均设有主簿一二人，品级为从七品上至从八品下，也大多设有录事一二人，从九品上、下。府州的司录（录事）参军事、录事及县的主簿、录事为地方的审计人员。京兆、河南、太原三府，各设司录参军事二人，正七品上，录事三人，从九品上。中、下都督府及上、中、下州，分别设录事参军事一二人，品级从正七品上至从八品上；录事一二人，从九品上、下。京、畿、上、中、中下、下县设主簿一二人，品阶从从八品上至从九品上，录事一二人，从九品下，畿县以下无品。这些官员职掌主要为“勾检稽失”“省署抄目”。检勾之官“勾检稽失”“省署抄目”的职能明文列入官志，似勾官只检勾效率，其实不然，这些勾官也掌财务收支的勾检。“检勾之官”也是中央诸司、地方的各级审计官员。

诸寺监勾官进行财政审核，史籍中多有记录。开天时，裴稹调补太常寺主簿，“按验伏藏，动盈累万”①，勾审隐藏未报或贪赃枉法之物数以万计，成效显著。李璆任大理寺主簿，“凡其簿书期会，子钱倍称之给，无不详覆”，簿书、收支、财物出入、公廨本钱等均详细审核、检查，以防经手官员奸蠹及贪污等。卢友度开元末天宝初为司农寺主簿，“繇是杜彼奸迹，事无利回，旬时政孚，帑藏攸给，总其要者，君子韪之”，因任职廉洁，严格审查，保证了国家仓库正常供给。将作监主簿张朏“检察浮费”，也掌

① 《唐代墓志汇编》，开元523。

财物勾审。[1]，太子家令寺主簿，掌管检查“寺署之出纳财物，役使工徒”有无违法现象[2]。以上诸例，均证明诸司寺监勾官在检查效率的同时，尚有对当司财务行政进行审计的职责。

州府录事参军事、州县主簿等兼掌财务地方审计。录事参军的职务是勾稽，赵佺为河内郡录事参军，3 年之后，“田户徭役，罔有不宁，人吏逋逃，罔有不静”[3]，掌百姓田地、徭役、赋税征收、户口管理等，可见有关经济财政的审核、检查、勾稽成为其职掌的主要部分。县主簿之官，“大要在其勾稽”[4]，因而张舟任蕲州蕲春县主簿，“勾会敏给”[5]，也以审计勾稽为工作重心。财务行政是地方政务中的重要组成部分，从事行政勾检的地方勾官州府录事参军、县主簿等将财务审计作为主要职掌，并以审计效果作为其考核升降标准，是唐代行政运作的特色，也是唐审计官员遍布地方的证明。

中央诸司及地方州县的勾检官，不但在尚书

---

① 《唐代墓志汇编》，会昌 009、天宝 045、天宝 221。

② 《唐六典》卷二十七。

③ 《唐代墓志汇编》，开元 443。

④ 《全唐文》卷八一三《授杨彦奉国县主簿、尚殷美万岁现主簿制》。

⑤ 《柳宗元集》卷十〇《安南都护张公志》。

都省的领导下执行行政勾检职能，构成以尚书都省为领导机构、遍布中央各司及地方的行政勾检体系，而且，又负责对当司的财务审计，成为比部安插于内外诸司的下级审计人员，填补了比部无寺监相对应的空白，既节省了人吏设置，又形成独特体系。这种各司兼行政勾检与财务审计于一人的人员布局，也是唐代审计制度值得注意的特色之一。

唐代以“检勾之官”为主体，形成了在比部领导下，横向遍布中央各司，纵向直达地方州县的审计体系。这些官员以“明于勘覆，稽失无隐”[①] 为考核标准，通过“检勾之官”的设置，财务勾检、审计的网络密布全国。但也应看到，这一网络具有局限性，其一，中央各司及地方州县勾官的最根本职务是行政勾检，财务审计只是其公务的一个方面，他们是兼掌而不是专职审计人员；其二，中央、地方勾官并不直属于比部，而是隶属于各司及州县，甚至在业务上更直接的领导是尚书都省而不是比部，比部对其无任免、考核、监督、管理之权，影响了比部对其审计效率的控制。比部领导下审计体系的局限性也应是唐以后审计机构发生变革的原因之一。

---

① 《新唐书》卷四十六《百官志》。

（三）唐后期的比部及审计

唐后期作为尚书省二十四曹之一的比部仍存在，但其审计职掌与唐前期却迥然不同了。

比部的变革并不始于安史之乱后。咸亨四年（673 年），东都留守御史杨再思“兼敕勾大使”①，此后，武则天统治的圣历初（公元 689 年），宰相武攸宁置勾使②，神龙元年（公元 705 年）颁下的《中宗即位赦》中概括审计现状说“勾勘罕从比部”③，表明比部的审计职能大为削弱了。在唐代历史向前发展的进程中，一度堪称完善的比部呈现不适应性。

安史之乱爆发后，国家经济、财政、政治陷于混乱、瘫痪境地，为应付突如其来的战争，朝廷设置了新的使职，时人概括当时的财政体制为：“军国之用，仰给于度支、转运二使，四方征镇，又自给于节度、都团练使。赋敛之司数四，而莫相统摄，于是纲目大坏，朝廷不能覆诸使，诸使不能覆诸州”④。这种混乱情形持续了

---

① 《唐代墓志汇编》，咸亨 096 董仁墓志。

② 《新唐书》卷二〇六《外戚传》。

③ 《唐大诏令集》卷二。

④ 《旧唐书》卷十八《杨炎传》。

近30年。唐后期比部在若有若无之间，时而被强调、重整，时而被忽略、废止，其审计效果也令人怀疑。

史籍中记载的唐后期任比部郎中、员外郎者十余人，但真正从事审计的极为罕见，其实际职务与审计毫不相关。唐后期使职差遣盛行，诸司郎中员外郎所任的差遣包括出使、判南曹（掌官员的选授档案等）、知制诰（负责起草诏书）、史馆修撰（作为专职编修国史人员）、判三司（充当度支、户部、盐铁转运使下的判官）等，而后期的比部郎官极其活跃地参加了这些差遣。

但唐后期的比部也并非完全没有职务。中央恢复比部审计的努力始于大历十二年（777年），其年六月十五日敕文规定，“诸州府请委当道观察判官一人，每年专按覆讫，准限「申」比部”，希望比部能对诸道州府财政收支账目进行勾检，但“诸州多有不到”①，各地并不执行中央命令。建中元年（780年），杨炎以行两税法为契机，试图恢复旧有财政机构，比部职能再次恢复，建中元年一月五日行两税法的赦文②要求，各地两税的征收数量、征税时间、两税钱物

① 《唐会要》卷五十九“比部员外郎”条。

② 《唐会要》卷八十三《租税上》。

在地方和中央的分配情况，均上报比部，比部可据此进行检查、审计。杨炎的机构改革有行有废，但比部审计诸州两税收支的制度部分保留下来。《唐会要》卷五九“比部员外郎”条记载了其后比部的职掌变化，从贞元八年（792 年）闰十二月尚书右丞卢迈奏、长庆元年（821 年）六月比部奏、太和四年（830 年）九月比部奏，均可看到，比部一直强调对诸州府留州两税支用的审计。唐后期国家财政分为多部分，比部能够审计的，只是地方的留州部分，较之前期的内外收支无所不总，权限的缩小是不言而喻的。如果再加上唐后期中央集权日渐衰微，中央对地方的控制能力逐渐减弱，向比部申报年终勾账的州越来越少，同时，比部无力干预地方支用，对诸州的审计只能流于形式。这样，比部的职掌大幅减少，比部郎官也越来越清闲，被称为“散位”[①]，其出使、被差遣、兼掌其他职务，也就不足为怪了。

唐后期比部不再拥有全国财政审计职掌的原因是多方面的。首先，与比部审计相配合的财务会计部门户部四曹无法正常运作，金、仓部名存实亡，比部审计的基础已不存在，自然受其波动

---

① 《旧唐书》卷一三七《崔元翰传》。

影响，职权衰落。

其次，唐前期比部审计是以中央集权制下的一元财政为背景的，即均在户部四曹一体化领导下，无独立于其外的财政。唐后期作为国计中心的度支对盐铁转运使、户部使下的收支无统辖权；地方的道、州收支，也不能控制；由宦官司掌的内库，更是外朝的禁区，国家财政一分为六，三司、地方、内库各自收支独立，中央尚无权干涉，更何况隶属于刑部下的比部。比部权限的缩小是唐后期中央集权削弱、财政多元化的直接结果。

再次，唐后期比部的变化不是孤立的，它与整个官制演变紧密相联。在官制变动的大潮流中，尚书省首当其冲，二十四曹职权普遍被剥夺、分割与转移，比部也不能例外。但尚书省的重要职务，如选举、南曹、财政等，或上升为使职，或以差遣的方式保存下来。比部的审计没有形成差遣或使职，是因为在比部之外，存在着大量的审计官员，新的审计机构正处于萌芽及形成阶段，国家审计逐渐脱离了比部发展的轨道。

与唐后期的财政状况相配合，财务审计、勾检体制也是多元化的，但以三司内部为主。随着三司使的发展完善，使职内部逐渐形成了纵横交错、互相结合的勾检、审计体系。其中，三司使及副使为司内审计的总领导；判官、巡官兼掌勾检，职务各有侧重；使下留后、巡院、监官负责各地财务收支审核、勾检；三司使下、留后、巡院普设多种胥吏，以审查、勘会为职务，执行财务出纳、收支账历等各种的审计，上下相辖，层层控制，审核方法复杂而审查内容全面。

唐后期的审计特点为会计审计结合，横向勾稽与纵向出使监察结合，审计监察结合。三司使下官员严格实施财务勾稽，更为重要的是数以千计的各色胥吏成为审计职务的主要执行者。这些机构和官员的审计职能并不完善，但其形成与发展为五代、宋代新时期审计机构的出现铺平了道路。

（四）一条宝贵的《比部格》

唐代法规《格》有二十四篇，直接的审计法规应是《比部格》。但唐《格》残缺，《比部格》的原文难以见到了。

唐代史籍、志书中，有关于《比部格》的零星记载，其中一条十分重要，这就是《唐会要》卷五九“比部员外郎”条如下的记录：

建中元年四月，比部状称：“天下诸州及军府赴勾帐等格：‘每日（月）诸色勾征，令所由长官、录事参军、本判官，据案状子细勾会。其一年勾获数，及勾当名品，申比部。一千里已下，正月到；二千里已下，二月到；余尽三月到尽。省司检勘，续下州知。都至六月内结，数关度支，便入其年支用。旨下之后，限当年十二月三［十］日内纳足’者。诸军支［度］使亦准此。又准大历十二年六月十五日敕：‘诸州府请委当道观察判官一人，每年专按覆讫，准限［申］比部’者。自去年以来，诸州多有不到。今请其不到州府，委黜陟使同观察使计会勾当，发遣申省，庶皆齐一，法得必行。”敕旨：“依奏。”

比部奏文中提到了“天下诸州及军府赴勾帐等格”及“大历十二年（777年）六月十五日敕”，这是极为宝贵的史料。“天下诸州及军府赴勾帐等格”是《比部格》的一部分，称其为“天下诸州及军府赴勾帐等格”，是对格文内容的概括。据唐代的行文格式，这条《比部格》的全文应恢复为：“天下诸州及军府，每月诸色勾征……限当年十二月三十日内纳足。”从行文上看，这条《格》应是开元年间的。

这是一条审计法规。首先，它要求地方每月认真进行财务检查，参与审核的官员包括州长官（刺史）、勾检官录事参军事、财务负责官员（基本为仓曹参军事），月检查行为包括造账、严格据文案及牒状审核，确定需要勾征的财物品种数量等。其次，它规定在州每月审核、勾征、造账的基础上，将一年的审计勾征结果（包括审核财物种类、数量，审查出的应纳未纳及不应支而支出需要填还补足的财物品种数量等）详细造账，申报比部。再次，它规定了地方年终勾账申送比部的时间，即根据所在地距首都长安的距离划分，“一千里已下，正月到；二千里已下，二月到；余尽三月到尽”。最晚不能超过三月。再次，它规定了比部审计之后的处理办法，比部检查后，分两步走，一为将勾征旨符颁下诸州，使诸州在六月内结案；另一步是将勾征结果以“关”的形式通知度支，使度支在编制下一年支度国用计划时，把这笔勾征收入列于预算之内。最后，《比部格》要求诸州在接到比部勾征旨符后，将勾征钱物如数征收，限定在年底（十二月三十日）缴纳、征收完毕。一年的审计也至此结束。诸州又在这一年每月造账的基础上申送年终勾账，新一年的审计又将开始了。州如此，设有边军的道“亦准此”。比部对地方的审计、勾检制度是具体、严格而复杂的。

安史之乱后，地方由州县两级变为道、州、县三级，道在国家年终审计中的作用，由大历十二年六月十五日敕做了补充，即“诸州府请委当道观察判官一人，每年专按覆讫，准限［申］比部”，道派判官一人参加州勾账的审核及编制，约束诸州按时限规定申报比部。敕文中规定道判官的参与，完善了比部对地方的财务审计制度。

唐后期，中央仍在对法制文献进行整理和编纂。大历十四年（779 年）六月一日，德宗下诏删定至德以来制敕，“取堪久长行用者，编入格条”①。作为开元《比部格》的补充的大历十二年六月十五日敕，很可能在这次删定《律》《令》《格》《式》的行动中被“编入格条”，成了另一条《比部格》。

通过对《比部格》的分析可以看到，《比部格》对内外诸司、天下州县的财政财务审计从内容到方法，均有具体、详细的规定，以《格》《式》为主体的唐审计法规极为完备。国家审计完全按《比部格》和《比部式》（并以其他曹司《格》《式》为补充）进行，不越雷池一步，格式为中央地方审计实施的依据和保证；同时，《比部格》《比部式》又在实际执行中不断发展、丰富内容，完善手段，《比部格》《比部式》不是停滞的、一成不变的。正因为具有以上两方面的特点，与唐《律》《令》相比，《比部格》

① 《旧唐书·刑法志》。

《比部式》成为唐代审计的主要法规，也是唐审计法规的核心，具有严密性、可操作性及完善性。由于唐代《格》《式》均已残佚，现存的《比部格》《比部式》是极不完整的，大量的《格》《式》还有待于进一步的发掘和辑佚，这也将是今后审计史研究中一项重要的任务。

（五）《勾帐式》

《勾帐式》作为唐《式》的一卷，正是出现于垂拱元年（685 年）。《唐会要》卷三九《定格令》记载："至垂拱元年三月二十六日，删改《格》《式》，加《计帐》及《勾帐式》，通旧《式》成二十卷。"垂拱时所增加的《勾帐式》一直沿袭下来，《勾帐式》成为唐《式》的一部分。

什么样的账是"勾账"，只能约略推断。《唐会要》卷五九"比部员外郎"条长庆元年（821 年）六月，比部奏称，"诸道年终勾账，宜依承前敕例……其诸州府，仍请各委录事参军，每年据留州定额钱物数、破使去处、及支使外余剩见在钱物，各具色目，分明造账，依格限申比部"。据比部奏文，诸州府"每年据留州定额钱物数、破使去处、及支使外余剩见在钱物，各具色目，分明造帐"的"帐"，就是"诸道年终勾帐”，可知“勾帐”中至少包括所有钱物数、已使用数、使用外剩余数等内容。

现存敦煌吐鲁番文书中，唐官府类似“勾帐”的账簿多不完全，“唐开元十六年（728 年）北庭都护府秋冬勾帐草稿”① 残缺严重，第一部分只余三行，即：“从开元十六年七月一日已后至十二月已前，军府……料并执衣白直课及诸色贷便及马价纸价絁练及六月卅日已前破用回残钱等，总计当钱肆伯柒拾叁……”这份草稿只剩下了开元十六年秋冬两季所有钱物数的总账部分，其他细目账及已使用数、使用外剩余数等均已残缺。但据文书看，所有钱物数包括新收入数及前账“回残”即剩余两部分，这是值得注意的。

《吐鲁番出土文书》第十册载“唐天宝十三载（754 年）交河郡长行坊具一至九月．料破用帐请处分牒”，记录了春夏秋三季勾账的破除、现在部分，从这长达 99 行的文书中，不难看到唐代造账中，先总目、再按分细目、后按事类分细目，详细区分，逐一列举，各与总账相合的严格有序的特色。与审计直接相关或称这类账为“勾帐”的原因，是上面的朱书红笔字，在这件

① 见《贞松堂藏西陲秘籍丛残》。

文书上，朱书审计的结果有："会在槽实食历、都收斛斗数同""同""会食历同""［会］减料数同""会案同，所由款帖同""已上会给用案还天十一载帖马食""会给用外见在数同"等。这些朱书字写在总账或细目账具体数字的右侧，表示每一笔账都经过了勾官的仔细审核，从这些朱书字可以看到审计官员从事账目审核工作的具体方法及特点，十分宝贵。

唐代"勾帐"具有以下特色：（1）完整的勾账内容含所有、破除、见在三部分，而所有钱物又分前账剩余（应在、见在）、新账收入两类，勾账实际上含四项内容。而局部的收入、支出、见在，也可以用勾账的形式。（2）勾账的格式固定，先总账，再种类细目账，后事类细目账，总账、细目账数额相应，可逐一计算，完全符合，以这种格式处理多数量、多内容的账目，却有条不紊，层次分明，而更为具体的内容用小字写在注文中，注文内容丰富，种类不限。这样既全面，又不影响层次结构，显示了唐代记账制度的复杂与完备。（3）勾账造写要求严格、精确，数字必须大写，石、升、斗等要用字型复杂的"硕""胜""㪷"代替。（4）勾账必须经过勾检官的审核、勾检，勾官要在每一笔账目的右侧用朱笔写下审计结果，数额是否符合，与文案、其他账历是否一致，都成为审核、检查的重点。勾官的审计是勾账内容、数量准确的保证，正因为经过了勾官的朱笔勾检，这种账被称为“勾帐”。

唐笔记小说中记载了武则天建立周朝后账式的更改情况。《朝野佥载》卷四云：“周有逯仁杰，河阳人。自地官令史出尚书，改天下帐式，颇甚繁细。”笔记小说的记载有夸张之处。从开元仍有《勾帐式》看，垂拱账式应继续执行，而并未中断。《勾帐式》的出现虽不乏个人因素的影响，但主要是唐代财务账式完善的产物。

中国古代计账中有四柱账法，即包括旧账余、新附、支出、剩余四部分，比收、支、余的三柱多出一部分，是完善、先进的财务记账方法。有关四柱账法出现的时间，学术界尚未达成一致意见。从唐代勾账的形式看，毫无疑问，勾账已采用了四柱账法。垂拱元年，当然不是四柱账法最早出现的时间，民间及官府有的机构采用四柱账法应更早，但垂拱元年以《勾帐式》的法律形式将四柱账法固定下来，意义重大。《勾帐式》中的四柱账法，是吸收了当时先进的记账方法的产物，借垂拱元年修撰法律的契机，四柱账法随着《勾帐式》颁布全国，所有正式勾账，以之为准，使四柱账法在天下记账造写中广泛使用，《勾帐式》又反过来推动了四柱账法的应用。因此，垂拱元年是中国古代四柱账法的开始普遍使用的时间，应较为接近历史事实。

（六）说“勾征”

勾检官审核财务收支后，对存在的问题，如应征税收而未征者、不应支而滥用者、保管中的损耗者等，要下符予以纠正。这种对审计结果的处理方式，唐人称为“勾征”。

“勾征”由尚书省比部充当总领导。吐鲁番文书中发现了景龙三年（709 年）八月比部符[①]，其内容即关于“勾征”者。在符文中，比部提出对勾征的新处理方法，由于文书上部残缺，“考使等所通”的“甚为便稳”的意见现已不得而知，比部采纳了这种“即于公私有益，并堪长久施行”的方法，下符到诸州执行，可见比部在处理“色类繁杂”的“勾征逋悬”中的领导地位。

唐代“勾征”可分为收入“勾征”、支出“勾征”两类。

国家的一切税收、一切收入中均存在“勾征”。唐前期以对租庸调、户税、地税、资课等主要税收中的“勾征”数量为多。其中，庸调

---

① 录文见池田温：《中国古代籍帐研究》。

以绢帛匹段输纳，估价、质量各地不一，好坏相差悬殊，故而租庸调“勾征”，主要是针对所纳绢帛质量。执行这种“勾征”，以玄宗时的杨崇礼、杨慎矜父子最有名[①]。对户税、地税，则主要着眼于应纳不纳、少纳、欠纳等，勾征税收的依据多为簿籍等。

赋税“勾征”所保证的是国家一切纳税人均按制度纳税，它是保证国家收入、打击逃税者和营私舞弊官典的手段。但开元、天宝之际，兴利之臣严苛勾剥，使百姓税上加税，大量沉重的“勾征”负担加剧了百姓逃亡，赋税收入“勾征”对国家经济财政产生了不利影响。

支出“勾征”的意义远远超过税收“勾征”。支出“勾征”是保证国家各单位支出有节、符合国家令式、符合国家预算的手段。国家的一切支出均有“勾征”，如《文苑英华》卷五〇四《大斗酌酒判》记载：“元日会序宾，光禄以大斗酌醴，祈黄耇，比部以无《令》《式》，勾征。”元日、冬至等的朝会，由光禄寺负责供给与会宾客的酒食，因光禄寺以超过制度规定的大斗供给宾客酒料，使酒的支出数量比旧制增加，比部勾覆，向光禄寺征收赔偿。可见“勾征”在支出中普遍

① 《旧唐书》卷四十八《食货志》。

存在。比部对支出的“勾征”表现在对财物的管理及使用两方面：管理上的重点是官典隐没，使用上的焦点则是非理破使。支出“勾征”是保证国家财富的准确、有效使用，限制贪污、非法使用的手段，这种“勾征”对维持国家机构的完好运营是必不可少的，这也是唐“勾征”制度存在的意义。

《通典》卷六《赋税下》记载，天宝中，“其资课及勾剥等当合得四百七十余万”，其中资课收入可推算约为二百万贯左右，一年的勾征应为二百七十余万，比当时的户税收入（年二百万贯）还多，“勾征”在国家财政中地位的重要性就可想而知了。

据《比部格》记载，天下诸州，“其一年勾获数及勾当名品，申比部”[①]，各州、诸司申报比部的这种写有勾征钱物的账即勾征账。敦煌文书中也保存了勾征账[②]。据文书可知，勾征账总账、细目账之间的处理比勾账复杂，其中最显著的特点是勾征账详细记载了每笔“勾征”的来龙去脉，“勾征”是审计的结果，勾征账上详为

---

① 《唐会要》卷五九。

② 见池田温：《中国古代籍帐研究》，“唐天宝十三载（公元754年）郭煌郡勾征帐”。

记载说明，同时也方便了审计机构对“勾征”执行情况的再审核。列有“勾征”说明，应是勾征账所独有的特色。

（七）大放异彩的审计思想

审计独立的思想，审计、监察、会计三者明确分工互相合作的完善的审计制度，勾账、勾历、勾征账并行互补的审计账簿格式，复杂、精细的审计方法，以《勾帐式》《比部格》《比部式》为主体的完备详明的审计法规，相差悬殊、迥然有别的唐前期、后期审计机构组织及内容结构等，共同构成隋唐时期的审计特色。其中，审计思想、方法的变化与进步，体现了隋唐时期审计的重要成就，也是这一时期审计制度对中国审计发展史的主要贡献。

隋唐时期的审计机构、官员独立是在世界审计思想史上居于先进水平、大放异彩的思想，这一思想体现在隋唐审计机构的设立及有关审计官员的法律地位上。审计独立，含有两方面内容，一为审计独立于财政，一为审计独立于一般的国家行政。就前者而言，隋唐时期比部隶属于掌天下刑法的刑部尚书、侍郎之下，为尚书省刑部的四曹之一，与中央财务行政机构户部四曹相分离，这虽是魏晋南北朝以来审计、勾检职掌发展演变的结果，也体现了审计独立于国家财政的思想在这一时期发展成熟。唐后期，财务、监察审计分离的思想仍然局部影响官吏任免及行使职权，大中二年（848 年），素以严整端正著称的魏谟被任命为御史中丞，不久，“兼户部侍郎，判本司事。谟奏曰：‘御史台纪纲之地，不宜与泉货吏杂处，乞罢中司，专综户部公事。’从之。”① 魏谟坚持认为掌纲纪及财务监察的御史台要和掌财政收支的户部分离，任户部使不能同时兼御史中丞，他的主张得到了皇帝的批准。审计、监察独立于财政，是隋唐时期政治制度领域设官分职的主流思想。

唐代《律》《令》明确记载了审计官员在国家行政制度中的特殊地位。据《唐律疏议》卷五《名例律》“同职犯公坐”条，知一般行政运作模式，分长官、通判官、判官、主典四等，掌内外诸司审计的勾检官不在这四等官中，展示了唐代审计官员的特殊地位。不仅如此，唐《令》中的规定更值得注意，开元七年（719 年）、开元二十五年（737 年）的一条《仪制令》记载：“其准品应致敬，而非相统属者，则不拜（谓尚书都事，于诸司郎中；殿中主事，于主局直长之

---

① 《旧唐书》卷一七六《魏谟传》。

类，其品虽卑，亦不拜。若流外官，拜本司品官）。”品阶低的官员要向本单位高官行拜礼以表致敬，但勾检官却对本司高官“不拜”。在等级森严、高低官员界限严格的社会中，《仪制令》规定的勾检官的这项特权，体现了审计、勾检职掌所具有的特殊性。而在唐代《律》《令》的背后，正蕴含着审计独立于一般国家行政的思想。

唐著名理财家刘晏提出的士人理财及审计思想对唐后期审计制度影响巨大。史载刘晏“常以为办集众务，在于得人。故必择通敏精悍廉勤之士而用之。至于勾检簿书，出纳钱谷，必委之士类。吏惟书符牒，不得轻出一言”。刘晏还指出：“士陷赃贿，则沦弃于时，名重于利，故士多清修；吏虽洁廉，终无荣显，利重于名，故吏多贪污。”刘晏将财务、勾检交给士人办理的结果，是“其属官虽居数千里外，奉教令如在目前，起居语言，无敢欺绐”①，效果显然。在刘晏看来，胥吏贪污，是由其社会地位决定的不可避免的现象，如何保证财政、审计队伍的廉洁，关键在于任用精明强干、清修勤恳的士人。士人为了名誉、地位，能够以道德自律，因而可以完成“勾

① 《资治通鉴》卷二二六“建中元年七月”条。

检簿书”的审计任务，而整个国家官场中对胥吏无严格名誉要求，故而胥吏在名与利中选择利，不惜以身试法。刘晏任命士大夫加入理财、审计队伍，对当时士人罕言财利的观念产生了巨大冲击，而通过以士人勾检簿书、出纳钱谷，奠定了唐后期百余年财务行政的基础与规模。唐后期财政胥吏不乏贪赃者，但终唐之世，财吏贪赃未成为宋朝以后朝野上下众口一词指责的社会问题，不能不归功于刘晏创设的保证财政、审计领域官吏体制清明效率的措施。刘晏任用士人理财、审计的思想虽有其局限性，名誉、道德不能完全代替法律，但其对官、吏本质的独到理解，对非法审计的关注及防微杜渐，为保证财政审计领域吏制清明而进行的努力，即使在今天，对审计工作也具有借鉴意义。

四、五代、宋、辽、金、西夏、元时期的审计

方 宝 璋

（一）三司审计话五代

五代是自 907 年朱温废唐建立后梁，到 960 年北宋建立，共经历了 50 多年。其间五代系指先后在黄河流域建立的梁、唐、晋、汉、周 5 个朝代。

五代时，政府机构设有尚书比部员外郎和郎中之职，但是不见其有勾检财政财务收支的记载。随着中央财政体制的改革，对财政财务的审计监督当由三司之下的判官负责。如《旧五代史·刘昫传》载："初，唐末帝自凤翔至，切于军用，时王玫判三司，诏问钱谷，玫具奏其数，乃命赏军，甚愆于素。（案《通鉴》云：帝问王玫以府库之实，对有数百万在。既而阅实，金帛不过三万两匹。《旧五代史考异》）末帝怒，用（刘）昫代玫。昫乃搜索簿书，命判官高延赏计穷诘勾，及积年残租，或场务贩负，

皆虚系帐籍，条奏其事，请可征者急督之，无以偿官者蠲除之。”此外，后唐同光元年（923 年）设置的内勾使，“令天下钱谷簿书，悉委裁遣”。[1]据此推测，内勾使是负责财政审计的职官。

五代地方州县负责审计的官员与唐朝一样，州由录事参军兼职负责，县由州负责审核稽查，州再呈报中央三司使。如《五代会要》卷十九载：后唐天成三年（928 年）二月二十三日中书奏：“每一州之中，止限毕日委录事参军磨勘，取最后逋欠县分，具令佐名衔，申三司使举奏，明行责罚。其所欠税额，如是本道长吏及判官衙内节级并形势庄田，不伏县司征督者，县令即须自经本州论列。如依前不纳，便可直申三司，责罚之时，以定轻重。”

五代御史监察制基本上承袭唐朝。中央置御史台，长官为御史大夫或御史中丞，下设侍御史、殿中侍御史、监察御史等。据《五代会要》卷十七载，御史台“事总朝纲，职司天宪，所管人吏色役最多，上至朝堂，次及班列，或在京勾检公事，或外地推勘稽迟”。其中侍御史“掌纠举百僚，推鞠狱讼”。后唐设六察，以监察御史稽察六部事务，其中“户察，应户部司诸州户账

① 《旧五代史·马绍宏传》。

贡物，出给繝符，具事件合报察使……工察，应工部司工役，合报察使。右御史台六员监察，谓之分察使”。后晋监察御史负责监库，祭祠时负责检点礼料。

五代刑法至今都亡佚不存，从史籍中零星记载推测，其对官吏贪赃的处罚与唐朝基本一致。如《五代会要》卷九载：后唐长兴四年（933年）六月准敕“枉法赃十五匹绞，准格加至二十匹”。五代贪赃之风甚炽，有些王朝对官吏赃罪的处罚相当严厉，经常动辄处死。如《旧五代史·少帝纪第四》载：后晋开运年间，“刑部员外王涓赐私家自尽，坐私用官钱经营求利故也”。后周显德五年（958年）十二月，“初州防御使张顺赐死，坐在任隐落榷税钱五十万、官丝绵二千两也”。①

后晋时为了使官吏赃罪能被充分揭露，杜绝其侥幸之心，晋天福五年（946年）六月二十日，详定院奏：“准《刑法统类》大中二年（848年）正月三日敕：‘天下州府官吏犯赃，皆递相蒙比，不肯发明，纵有申闻，百无一二。自今后，管内县令有犯赃事发，州府不举者，连坐录事参军。录事参军有赃犯事发，刺史不举者，

① 《旧五代史·世宗纪第五》。

连坐刺史。刺史有赃犯事发，观察使不举者，连坐廉使。”① 其目的在于使官吏赃罪能被充分揭露，防止上下勾结，营私舞弊。

五代时期，兵荒马乱，王朝短命，典章不立，法令废弛。查主要史籍，有关财政财务审计和财经法纪审计的记载极少见到。

五代各朝政府为了应付庞大的财政支出，都竭力聚敛征收赋税，对地方官和分管赋税征收部门的官员，用十分为率的办法来计算其税租征收增减的情况，从而进行赏罚。如从《五代会要》卷十九所载天成四年（929 年）五月五日，户部所定三京、邺都诸州府，逐年所征夏秋税租，兼卖盐、酒曲折征诸般钱谷格可以看出，后唐规定的条例与唐有所不同：唐赏罚的对象主要是州刺史和县令，而后唐则扩大，涉及州县的主要属官和吏员，如判官、录事参军、本曹官、孔目、句押官典等。其处罚的类型也比唐增多，有经济惩罚，如罚若干值；有免官、贬官，如勒停、移摄闲官；有判刑，如徒若干，或杖、笞若干。五代为了督促官吏搜括聚敛，其对征收赋税欠分者的处罚重于唐朝。

唐末五代，随着封建国家财政体制出现三

① 《五代会要》卷二十。

司、租庸使、三司使的变化和藩镇割据，在户部、度支、盐铁内部出现了新的审计监督体系，从中央至地方出现了许多不同名目的职官负责勾检工作。由于这种新体制刚刚出现，很不完善统一，因此，具有审计职能的职官名称繁多，不一而足，如三司都勾官、三司勾官、内勾使、三司判官、度支判官、户部巡官、度支巡官、孔目官、勾检官、勾覆官、勾押官等。而且，其职官置废频繁，很不稳定，许多机构存在的时间都十分短暂。但是，这种体制开启了宋初至元丰改制前三司属下三部勾院、都磨勘司审计之先河。唐后期开始，比部的审计职能日益萎缩、消亡，至唐末五代，政府机构中虽仍有尚书比部员外郎和郎中之职，但是史籍中已见不到其有勾检财政财务收支的记载，其勾检之职基本上名存实亡。

总之，从唐末五代至北宋元丰改制前，比部审计职能的消亡和三司之下勾覆系统的出现，表明审计体制从司法独立系统转变为财政财务内部系统，这削弱了审计的独立性、公正性和权威性，无疑是一种倒退。

（二）复杂多变的宋代中央审计机构

宋朝自 960 年赵匡胤发动陈桥兵变，取代后周，建立宋朝，至 1279 年元灭南宋，共经历了 319 年。其中，又以 1127 年徽宗、钦宗二帝被金朝俘虏北去和高宗即位为分界线，分为北宋和南宋。

北宋前期，三司是全国最高的财政机构，号称“计省”。三司所属专门负责审计工作的是勾院和都磨勘司。三部勾院“掌勾稽天下所申三部金谷百物出纳账籍，以案其差殊而关防之。”① 由此可知，三部勾院所进行的审计主要是事后送达审计，即勾稽中央各部门和地方各级衙门定期上报的账籍。

三部勾院在进行事后财政财务审计时，对官吏在经济上的违法行为进行揭发检举。由于职在勾稽天下账籍，对财政收支的利弊较为了解，因此也常常对此提出建议。宋三部勾院还对部分重要的财政财务支出进行事前审计，事前审计的工作范围小于事后审计。《宋会要辑稿》（以下简称《宋会要》）职官五十七之五十载：“天下勘给官吏军兵请受及勘支官物，并须先由粮料院批勘，封送勾院点检，勾勘讫，仓库方得依数照支。”总之，三部勾院作为一个专职的审计机构，总的作用是“关防天下钱谷”。

---

① 《宋史·职官二》。

三司内部第二个专职审计机构是都磨勘司，“掌覆勾三部账籍，以验出入之数”。[1] 可见，三部勾院勾销过的账籍，有的还要经过都磨勘司的重新勾覆，因此，三司都磨勘司是元丰改制前北宋的终审机关。

北宋前期，三司还设置了一些临时性的机构，来解决账籍填委、勾考难尽的问题。如宋太宗时置三司行账司，以清理了结旧账，并取得了一定的效果。宋真宗咸平元年（998 年）置三司勾簿司，掌勾销整理文簿，以解决簿牒繁冗问题。至景德四年（1007 年）废，仅存在了 9 年。熙宁五年（1072 年），神宗患天下文账之繁，设置了一个独立于三司之外的审计机关——提举账勾磨勘司。“至元丰三年（1080 年），首尾七、八年，所设官吏仅六百人，费钱三十九万缗，而勾磨出失陷钱止万缗。”[2] 朝廷知其无益，元丰改制，并归比部。

元丰改制废三司，三司之下分管的审计工作转归刑部之下的比部负责。比部主管勾覆中外账籍，定期审查仓库场务出纳官物，稽核百司经费，决定与否勾销，追给欠负侵请等。比部的恢

---

① 《宋史·职官二》。

② 《宋史·食货下一》。

复，使宋朝的审计体制发生了一个重大的变化，改制前三司属下的审计机构属内部审计系统，具有财审合一的职能，而改制后的比部隶属于司法部门，成为独立于财经之外的外部审计系统，具有财审分开的职能。

北宋淳化三年（992 年），为防止军队发放俸禄时伪冒欺弊等，在三司之下设马、步军专勾司，掌审核骑兵、徒兵给受之数。元丰二年（1079 年），置诸军专勾司和诸司专勾司，负责勾稽诸军和诸司、百官请受。元丰改制前，马步军专勾司隶属于三司。改制后，专勾司成为太府寺散漫系统中的一个机构。南宋建炎元年（1127 年）为避宋高宗赵构同音讳，把诸军诸司专勾司改名为诸军诸司审计司。南宋初，为了能迅速地筹集地方财物以供办军饷，朝廷在四川、淮东、淮西和湖广设总领，分掌各路上供财赋，供办诸军钱粮。总领所的下属审计机构，称审计司或审计院。

从《庆元条法事类》（以下简称《事类》）记载中可知，南宋时诸仓库赋税收支、上供钱物出纳、各种赏赐给受等，皆需呈报审计院和磨勘司，由两者分别审核并签名盖章，然后呈送户部。

宋代的御史监察机构基本上承袭唐制，置御

史台为监察机关，并置六察于御史台，“上自诸部、寺监，下至仓场、库务，皆分隶焉”。[1] 六察具体所分察的主要部门是“吏部及审官东、西院、三班院等隶吏察，户部、三司及司农寺等隶户察，刑部、大理寺、审刑院等隶刑察，兵部、武学等隶兵察，礼、祠部、太常寺等隶礼察，少府、将作等隶工察。”[2] 不久，又采纳权御史中丞李定的建议，“以户按察转运、提举官，以刑按察提点刑狱”。

宋代御史在财经上的监督作用主要表现在以下三个方面：对百官在经济上的违法乱纪行为进行纠弹；御史常常接受皇帝的临时派遣，对一些重大的经济案件进行专案审计；对地方守令的考课，御史有复审之权，而对诸路监司则直接进行考核。宋朝还规定官员任满交替时，委御史台稽考，负责点检其钱物账册。

（三）独具一格的宋代地方审计系统

宋朝统一五代十国的分裂割据局面后，在收夺地方军、财、政等权的同时，也把地方官吏的监察权收归中央，设立路一级建置，并在此上建

---

① 《宋会要》职官十七之二十。

② 《宋会要》职官十七之九。

立监司。宋朝监司，一般指转运司、提点刑狱司、提举常平司。监司作为皇帝的“耳目之寄”，有监察各州官吏之责，权任颇重，号称“外台”。

宋神宗时期，改变原来“内自府库，外到州县，岁会月计以上于三司”的审计旧法，把某些审计权下放给转运使，明确规定了州勾覆县、转运司勾覆州的地方逐级勾覆系统。但是中央并没有完全放弃对地方账籍的监督，“盖谓钱帛等账，三司总领国计，须知其多少虚实，故账虽归转运司，而又令别造计账申省。至于驿料等账，非三司国计虚赢所系，故止令磨勘架阁”。这样主次轻重得当，既多少解决了朝省汇集账籍过多，无法全部勾覆，造成积压的问题，又避免中央对地方财政失去控制监督。而且“诸路转运司与本部州军地里不远，取索文字近而易得，兼本道文账数目不多，易以详悉。自是外内简便，颇称允当”。①

宋代转运司拥有督察地方官之权，以监察权保证财赋的控制权。正如《洺水集》卷五《理财》中所说：“分天下之路，设转运使、副、判官，付以按察之权，使督集财赋，隶之三司。”

---

① 苏辙《栾城集》卷四十《论户部乞收诸路账状》。

宋代对地方官的考课一般是由知州、通判考核县令，监司考核知州、通判，然后由中央考课部门总其成而行升黜。其中路这一级主要通过转运使考核地方官以及分管茶、盐、酒税、诸场务的官员，来督促管理地方财政收入。

提点刑狱司主要职权是掌本路司法刑狱，巡察盗贼，举刺官吏。除此之外，提刑司也逐渐分夺转运司在财经上的监督权，兹缕述如下：

1. 在监司互察中对转运司、提举司经手的钱粮账目进行驱磨点检。提刑司对转运司的财经监督主要有：一是转运使已勘会过的所辖州军收支见在钱物，提刑司重新加以驱磨。而且提点刑狱司报送中央复审的部门不是三司，而是中书。二是转运司本身经手的钱物数目，也要由提刑司点磨。崇宁元年（1102 年）九月二十八日，“仍令本司（转运司）各开析每岁钱谷出入名数，具册关提点刑狱司验实结罪保明，缴奏送尚书户部。”① 由于提举司经常并入提刑司，或与提举茶盐官合为一职，因此，提刑司对提举司的财经监督还没有形成制度化，往往是接受临时性的差遣，进行突击检察。

2. 提刑司逐渐分夺转运司督察一路财赋大

① 《宋会要》食货四十九之二十四。

权，对无额上供钱物、经总制钱、增税、杂税进行拘收稽察。无额上供和经总制钱物窠名繁多，易于被州县隐漏侵欺，南宋政府一再申明由提刑司专为检察拘收。提刑司在拘收无额上供和经总制钱物中是起着地方联结中央的中转环节，如《事类》卷三十载：诸州县镇场务所收无额上供和经总制钱物，每季具账限次季孟月五日以前供申通判厅，本厅限孟月终审覆申提点刑狱司，本司限十日点磨保明申尚书户部。

提举常平司掌管一路的常平、义仓、免役、市场、坊场、河渡、水利等，并兼刺举官吏之事。其分夺转运使督察一路财赋大权中最重要的就是分领免役钱和常平仓。常平司在分管诸路财赋中也对提刑司所经手的钱物进行驱磨点检。

宋代监司在路级财政上职掌不同，并且分别向中央不同部门负责。大致说来，转运司向三司（户部）、比部负责。而提刑司向中央负责的部门不大固定，但从史籍中可以看出，其经常作为转运司的对立面，向内库、中书负责。提举常平司向中央负责的部门则比较固定，就是宰相的理财机构——司农寺（后归户部右曹）。它们通过监司互察兼职进行审计监督，点检稽核对方账籍、财物，纠举对方在财经上的违法乱纪行为。虽然在审计监督方面各有侧重，但也有不少交叉，呈现出多头管事的局面。这使得监督有余，负责不足，遇事互相推诿，各不负责。

综合考察宋代府州通判的职掌，大致有 5 个方面与审计监督关系密切，兹综述如下：（1）监视钱谷出纳。宋代规定：不仅支领钱物事先要受通判审查，而且钱物支出后，有关簿历还要经通判复核，方能准予注销。（2）巡历仓库，点检官物。（3）拘收检察部分租税、无额上供钱物和经总制钱。（4）对县级官吏经济政绩的考核，考课的中心内容在于户口、田土、农桑、赋税征收、流民、“盗贼”等情况。（5）通判举劾知州及属下官吏在经济上的违法乱纪。

宋代通判有 3 个方面的特点值得注意：（1）宋代官制的一个突出现象是机构废置分合无常，职掌变动频繁。但通判相对稳定，始终具有监督知州及所属官吏之权，其监督的最主要内容就是有关财经方面的。（2）通判作为知州的监督者，在财经上有自成系统的地方。如通判拘收无额上供钱物和经总制钱，所申报的上司不是转运司，而是提刑司；又如诸路常平钱物由常平司分领，转运司一般不能过问，而诸州的常平钱物往往由通判提举。大致说来，宋代知州在财经上隶属于转运使，而通判则隶属于提刑、常平司，因此，通判对知州的监督和提刑、常平司对转运司的监督是一致的。当然，通判在自成系统的同时，在财经上也有一些地方与知州、转运司有交叉、重叠。（3）通判作为府州副长官，在财经监督上许多方面与知州共同参与，相互检察。如钱谷出纳，“皆听知、通以支之”；经总制钱由“知、通同掌”；“县令课绩，知、通考之”；知、通同按察部内官犯赃；并且“知州、通判互论不法事件”。另外，通判作为监察官，在财经监督上又有独挡一面的地方。如州府粮料院批勘，判勾皆专委通判；军资库系通判提举；诸路州军纲运，专委通判监视；诸州府形势版簿，令通判专管其租；夏秋二税合零就整之数，专委通判任责追催等。由于通判地位特殊，所以，在权力的分配上与州府长吏时有矛盾，往往不易协调。

宋代县级当是由县令、丞互相监督钱物收支：“诸县收支钱物历，令、丞通签；其县丞所管财赋，知县检察。”[①] 县除置丞管理钱物收支外，还设有主簿一职，“掌县之簿书，凡户租之版、出纳之会……皆总而治之，勾检其事之稽违与其财之亡失，以赞令治。”[②] 县丞簿在财经监督中当以丞为主簿为次。

---

① 《事类》卷四。

② 《朱文公文集》卷七十七。

（四）宋代财政财务收支审计

名目繁多的租税课利是宋代财政收入的主要来源。为了确保财政收入的准确无误，防止各级官吏贪污舞弊，封建政府制定了一系列自下而上逐级审计监督的体制。

宋代对地方租税课利的审计是“其县镇仓场库务账，本州勘勾；诸州账，转运司勘勾”[①] 的逐级勾覆系统。宋代县级租税课利征收由县丞、簿负责审核桩发，诸州府租税课利则由知州和通判共同检察拘收，诸路主要由转运司、提刑司拘催检察。诸州县税租缴纳完毕，必须由监司审磨是否有隐漏欺弊。

宋代元丰改制前，中央由三司较天下钱谷之数以闻。三司在较天下钱谷出入之数时不仅为了平衡财政收支，而且也稽察财政收支中的隐漏失陷。三司作为最高的财政机关，还负责对地方官和场务官等进行经济政绩的考核，较其租税课利增亏，报考课部门奏行升黜赏罚。其考核形式有两种：一是任满考核；二是年终考核。

元丰改制后废三司，三司主要职掌归户部。户部作为最高财计机构，担负着勾考审核全国税

---

① 《长编》卷三〇九。

租课利的重任。如诸路税钱、租钱、酒课、官吏俸给等也均在户部勾考之例。南宋时，国家的重要收入——经总制钱和无额上供钱物等均要由户部审核是否有隐漏和违限，使朝廷能及时追查纠问，并进行拘催弥补，从而保证了财赋收支的正常进行。户部还有岁终比较增亏而为之赏罚的职责。南宋时，国家的重要收入——经总制钱也要由户部岁终比较诸路增亏。

宋代为了使各项租税课利便于稽查，分门别类编制了各种类型账簿。如分隶历收支名目清楚，有利于稽察审核。宋代户籍是收纳税租征发徭役的重要依据，登记户口的账簿采取一式四份，地方并由县、州、路至中央三司（或户部）自下而上逐级审核。

宋代官府经费、军费、官吏俸禄、水利建筑工程等都是国家重要的财政支出，朝廷尤其重视进行审计监督。这些财政支出金额浩大，为防止冒支、滥支、多支、侵挪、贪污等，首先，封建政府加强事前审计。元丰改制前，三司内部具有审计职能的有都凭由司，凡盐铁、度支、户部三部所支官物，经其审核凭由无误，即盖印签发予以支领；有关机构支付后，再据其数目将凭证报请复核注销。

此外，三司之下还设立三司马步军专勾司。

此司设立之初，是为防止军队发放俸禄时伪冒欺弊等，采取事前审计的形式对军队给受进行监督，即“掌诸军兵马逃亡收并之籍，诸司库务给受之数，审核其欺诈，批历以送粮料院”。[①]

改制后，三司属下的都凭由司并归比部，因此比部也具有事前审计职能。如应支钱物，未经比部勾过，库务是不能支给的。比部的这种事前审计往往能防患于未然，及时揭露贪赃舞弊行为，减少经济损失。

元丰改制后，专勾司归太府寺。专勾司与粮料院共同负责钱物的支出。南宋时，由于诸军诸司粮料院与诸军诸司审计司相对应，各为六院之一，并且在职掌上关系密切，因此史籍称为“诸军诸司粮审四院”，并进一步简称为“粮审院”，仍负责审核钱物的支出。从《事类》记载中可知，南宋时诸仓库赋税收支、各种赏赐给受等，皆需呈报审计院和磨勘司，由两者分别审核并签名盖章，然后呈送户部。南宋审计院和磨勘司同具有审计职能，但在分工上各有侧重，如在支给钱物中，审计院负责事前审计，而磨勘司则负责事后审计。

宋代三司职掌，范围十分广泛，不但剥夺户

---

① 《宋史·职官二》。

部的职掌，且兼管工部、太府寺、将作监、都水监、军器监等职事。三司对这些部门的监督主要是控制其浩大的支出，特别是“造作军器与夫土木之工、河防之役，尽得而主之。且国家经费之大，无过此三者，而必命三司总之，岂非使之得以制其出入而为制度者乎?”[①] 元丰改制后，户部继承三司对军器、将作、都水三监的兴造也采取事前审计的方式。

宋代在钱物支出中，设有许多会计凭证、簿历、账籍等，以便于有关部门全面、详细、准确地进行审核稽查。古代由于交通工具的限制，如审计者与被审计对象距离较远，往返不便，往往需要较长的送审时间。为了及时对某些钱粮支出活动进行监督，宋代甚至有置三历，循环申报有关部门审核。

宋代从中央到地方建立了名目繁多的仓库。这些库藏仓廪肩负着国家粮草钱物出纳之重任，尤其容易被仓官库吏侵欺隐没、舞弊渔利，因此更须加强管理监督。宋代规定钱物支出之前，必须报经上级长官批准，经过有关部门审核，然后发给支出凭证，有关人员据凭证领取。为了及时了解地方仓库收支情况，宋规定：“诸仓库月终

① 《洺水集》卷五。

以钱帛粮草见在逐色总数，次月五日以前申州，州限十日磨审讫缴申转运司，本司类聚申尚书户部。”①

宋代仓官库吏往往利用出纳之际重入轻出，或采用克扣、以次充好等办法来从中渔利，对此，朝廷规定仓库出纳时上级须派官监临。宋代对仓库进行监督的一个重要方法是派官定期进行巡视点检，并且根据仓库储积的对象不同、距离的远近，其点检的周期从一日一次、十日一次、一月一次或两次、一季一次、半年一次至一年一次。除此之外，有时也有不定期的下仓点检。

诸主管仓库的上级部门对仓库的监督检察主要就是查核账簿、收支凭证以及结存实物三者的一致性。账状必须与簿历相符，这是指账账相符；簿历与仓库见在相符，则是指账实相符；而簿历与钞旁之类相符，那是指账证相符。古代仓廪所藏粮草往往繁多、笨重、庞大，如要逐一盘量实属不易。对此，朝廷采取全盘和抽盘相结合的办法。

（五）宋代财经法纪与经济政绩审计

宋代财经法纪审计在中央由御史台负责，在

① 《事类》卷三十七。

地方则由监司和通判负责。而且对地方各级衙门的纠察是逐级负责，一般有较严格的职权界限，“州县令监司案劾，监司令御史台觉察”。[1] 御史对地方的监察重点是监司，主要有两方面的内容：其一是纠察监司本身在经济上的违法乱纪行为。监司贪污受贿，非法聚敛，妄破官钱，经商牟取厚利等均在御史弹奏之列。其二是郡守犯赃罪，监司失于觉察或徇情容庇，委御史台弹奏。如绍兴二十五年（1155年），“以州县贪吏为虐，监司、郡守不诃察，遂命监司按郡守之纵容，台谏劾监司之失察，而每岁校其所按之多寡，以为殿最之课。”[2]

监司对地方官吏贪赃、擅自破费官钱等都有责任纠弹，失觉察者要受到处罚。如庆历四年（1044年），两浙路转运使邵饰和同提点两浙路刑狱公事柴贻宪，均因知秀州钱仙芝赃败不即按举而被降黜，邵饰降知洪州，柴贻宪降宣州兵马都监。通判为州监察官，对知州及属下官吏皆可按察，其中也举劾他们在经济上的违法乱纪行为。

宋代御史或其他官员对经济上违法者进行奏劾后，一般还要求被奏劾者申辩。如《河南集》

---

① 《建炎以来系年要录》卷九十。

② 《宋史·选举六》。

卷二十三所载“奉诏分析董士廉奏臣不公事状”，“复奏监察御史李京諸子状”和卷二十五所载“分析公使钱状”，即是知渭州尹洙对董、李等奏劾他“在渭州专擅将官钱百贯入己使用，并借官钱与官员还债，并支出军资库钱落下赤历”等事，进行详细地分析和说明。从上引材料中还可以看出，无论是奏劾还是申辩，人证和物证都是十分重要的。人证主要就是钱物收支的经办人，如公使库手分、库子、勾当人、公人等。因为这些吏员对事件的来龙去脉最为了解，长官要作弊，很难瞒得过这些下级。物证主要就是各种凭证和账簿，如单历、赤历、账状等，因为这些会计资料是钱物收支的原始记录。

为了准确地考察御史在任职期间按劾之当否勤惰，元丰六年（1083 年），都司下设御史房，主行弹纠御史按察失职，并置六察殿最簿，以六察官纠劾之多寡当否为殿最，岁终取旨升黜。为了能准确地考察监司、通判在任职期间按劾赃吏之勤惰，建炎三年（1129 年）十月，“诏诸路按察官自通判至监司，岁具发摘过赃吏姓名，置籍申尚书省，以为殿最。即有失察而因事闻者，重谴之。”①

---

① 《建炎以来系年要录》卷二十八。

宋代对官吏考核的对象是上至京朝官，下至幕职、州县官，其经济政绩考核的重点是各级地方官和监临物务官。在考核地方官和监临物务官的经济政绩时，必须先经过财计部门复核其账籍，检验收支数额，比较岁课增亏，然后送主考部门详定升降。

宋代在税租、场务课利等年度变化较大的项目上，是逐年比租额、递年增亏，积考为任，任满具状呈报朝廷，核定等第，而行赏罚。对田亩、户口等年度变化不大的项目，则不进行逐年比较，而径直在任满时进行一次性考较。宋代对地方官和监临物务官进行考核时，必须详细开具其任内农桑、田亩、户口、税租、场务课利等增减情况，从而对官吏经济政绩进行较准确的量化评估，比较增亏，课其殿最。其具体方法主要有3种：

1. 比祖额之增亏。宋代确定祖额取3年、5年酌中之数的最为常见。原因可能是定额年限太长，不宜适应于经济情况的变化；定额年限太短，缺乏稳定性，失去定额的意义，不利于调动积极性，并增加定额的工作量。还有取数年酌中之数，使立额相对比较客观，这样既避免立额偏高，“高者其额难及，不足则有罪”，[1] 又避免立

① 《絜斋集》卷十四。

额偏低，低者其额易足，“一岁之内，率当五六迁，人皆指目谓之侥幸”。[①] 除取酌中之数为额外，宋代也有径取数年中最高额者或某年为额的，或根据场务课利增亏的不同情况，灵活掌握确立新额的。

2. 比递年（谓前一年）之增亏。查阅《事类》卷五《考课》，其中对场务课利的考核均要求开具租额（即祖额）、递年、本年几处收钱若干，然后再把本年与租额、递年相比较，即得出增或亏若干分厘的结论。

3. 确立多项增亏指标，达到某项者即给予相应的赏罚。南宋初年，政府为尽快医治战争创伤，恢复生产，曾根据知州知县任内增垦或抛荒田亩数目的大小，给予不同的赏罚。

宋代在定额比较中，从量上确定增亏数之大小，往往采取十分为率的办法。在考核官吏经济政绩中已注意到场务课利的经济效益问题，即不仅注意到增额的大小，而且还特别留意本钱与获利的关系。对官吏经济政绩考核后的赏罚主要有两种类型：一是从经济上进行赏罚，这就是增俸、罚俸，或赏钱、罚钱；二是对官吏提前晋升或推迟晋升，即减磨勘或展磨勘若干年等，有的

① 《宋会要》职官二十七之十九。

甚至直接予以升陟或降差遣。而且在赏罚中还根据官吏所担任的职务不同，所负的责任不同，其程度也不同。

综观史籍，宋代对官吏经济政绩的考核，在发展生产、增加财政收入上发挥了一定的作用。宋神宗时期，讲究理财之道，考财赋赢亏，以行赏罚，国用大增。相反，“元祐以理财为讳，利入名额类多废罢，督责之法不加于在职之臣，财利既多散失”。[①] 另外，宋代科敛无艺之弊也影响了对官吏经济政绩的考核。

宋代地方官和分管经济部门的官员在任满时要完成两方面的工作：一是要呈报任内的经济政绩。二是要进行钱物移交。官吏交接收支见在数目的主要方式是对照账籍、凭证清点官物。盘点之后，还要编制交历数份，新旧官员及其主管部门和上司各持一份，以备对照。为了切实进行查核，防止官吏作弊，宋政府规定旧有账籍簿历都不许亡失，以备随时对照。

（六）宋代与审计相关的法规

宋代的基本法，内容上大致与唐律相同，《宋刑统》其实就是唐律的翻版。南宋宁宗嘉泰

① 《宋史·食货下一》。

二年（1202年），右丞相谢深甫监修编成《庆元条法事类》（以下简称《事类》）。《事类》涉及的宋代法律内容相当广泛而又具体，其中保存了不少珍贵的与审计相关的法规。

此外，宋代还编定了许多敕、令、格、式，为特定机构和特别事项制定专法，这在历史上是空前的。仅据《宋史·艺文三》载，有关财经方面的敕、令、格、式主要有陈绎编的《熙宁编三司式》400卷、庆历时纂集的《三司条约》1卷、《元丰户部敕令格式》、王珪编的《在京诸司库务条式》130卷、《转运司编敕》30卷。除此之外，据史籍零星记载，还有磨勘之法、勘同法、三司账法等。宋代在仓库管理方面也制订有《须知》《在京诸司库务条式》、嘉祐常平仓法和左藏东西库专法1册等。这些有关财经监督立法的详细内容目前虽然都不得而知，但从立法卷帙之多及有关文献中的一些记载可知，宋代有关这方面的立法是详尽细密的。

宋代法律中的贿赂，古代称之为“受赇”。这一犯罪的主要特点是以送钱财给官吏进行某种请求：“以财求事曰赇。”因此，贿赂与请托往往是一对孪生兄弟。凡贿赂先至者，朝请而夕得；徒手而来者，终身而不获。宋代为了有效地制止行贿受贿事情的发生，禁止官吏私下嘱请曲法："凡是公事，各依正理。"《宋刑统》规定，有所请求者（即嘱请之人）和主司许者（即接受嘱请的官员）都同样论罪："诸有所请求者，笞五十；主司许者，与同罪。已施行者，各杖一百。"甚至规定替别人请求的人也要处罚："为人请者，与自请同""即为人请求，虽非己事，与自请同，亦笞五十。"如果接受别人财物而替其请托的以及用财物行贿求托的人，那要加重处罚："诸受人财而为请求者，坐赃论加二等……与财者，坐赃论减三等。"

宋政府为了防止官吏通过家人接受别人财物，进行买卖得利等，《宋刑统》规定："诸监临之官家人，于所部有受乞、借贷、役使、卖买有剩利之属，各减官人罪二等；官人知情与同罪，不知情者各减家人罪五等。""其在官非监临及家人有犯者，各减监临及监临家人一等。"

宋政府为了督促监司勤于巡视按察所部，曾屡次下诏明谕不得端坐本司或故留诸郡，并委知州以下密具闻奏。甚至规定："诸监司巡历所部不遍者，杖一百；遍而不申，减二等。"① 监司职在廉察州县官吏，为了防止监司借巡视之名讲排场骚扰地方，朝廷对监司在出巡中的待遇有严

① 《事类》卷七。

格规定。如明道二年（1033 年）“诏令逐路转运使副，今后并一年之内遍巡辖下州军，将带本司公人兵士，不得过二十人，司属不得过两人。如阙人，于所到州军差拨。”[①] 为了防止监司在巡行部内按察官吏时徇情包庇，宋规定：“沿路不许受谒，出谒不得受供馈及聚议会食之类”；“如陈设家事什物之类，并合用官钱收买，不得取借，不得勾呼行人、市户、诸色人随行供应。”[②] 监司出巡地方，甚至连一般的迎送都予以禁止。雍熙四年（987 年）诏从转运使刘蟠所请：知州、（通）判、知军、知监，并监当场务京朝官使臣，不得出城迎送转运使。”[③] 为了防止官吏利用亲戚同乡关系干求请托，宋规定：“监司不许任本贯或产业所在路分”；[④] “禁诸路转运使副、诸州长吏与部内官属结亲，违者重置其罪。”[⑤]

宋政府还用奖惩的办法督促负责审计的官吏要忠于职守，认真勾考。负责审计的官员如果失职，账目有错误审磨不出，那就得受到处罚：

---

① 《宋会要》食货四十九之十三。

② 《宋会要》职官四十五之八、九。

③ 《宋会要》食货四十九之六。

④ 《宋会要》职官四十五之九。

⑤ 《长编》卷六十三。

“诸州审磨税租簿，吏人故为隐漏者，徒二年；有亏失审磨不出，杖一百；即因而受乞者，论如吏人乡书手揽纳税租受乞财物法。”[①] 还有在发放钱粮时，如果预先失于点检而误支，有关官员要受到处罚：“诸请给，粮审院失点检致误支钱物者，各杖八十；累及五百贯，杖一百，命官降半年名次，吏人勒停；一千贯以上，命官降一年名次，吏人仍永不收叙。”[②] 如果支领部门不预先经过审核而擅自支用钱物，也要受到处罚：“诸转运司应支用钱物，不经粮审院勘审者，杖八十。”

另外，如果钱粮账目有隐落失陷被审计官员查出的，则根据其数目大小予以奖赏。“雍熙三年（986 年）二月，诏自今勾院检举三司失陷财赋，每一百贯，其本司吏给赏钱十贯；五千贯以上，仍补职名。如本司吏庇藏其事，不即中举，为他人所告，当行决配。赃重者，当行极断。告者每百贯给赏钱二百贯；三千贯以上，仍补职名。主判官及干系人知而故纵。并当重行朝典。”[③] 从这一规定中我们可以看出，宋初对勾

---

① 《事类》卷三十二。

② 《事类》卷三十七。

③ 《宋会要》职官五之二十三至二十四。

考出失陷的奖赏已不轻，从100贯赏钱10贯计算，其奖赏额的比率已是10%；但是政府给告发三司官吏犯赃的赏额更高，100贯给赏钱200贯，其比率200%。由此可知，太宗更注重于通过处罚手段来督促审计官吏必须秉公办事，不得敷衍马虎或知而故纵。到了神宗元丰年间，加重了赏额，规定“钩考隐漏官钱，督及一分者赏三厘”,[①] 其比率为30%，是雍熙时的3倍。由于赏厚，人人有所劝激，收到了一定的效果。

宋代与审计相关的法规，与历代封建王朝一样，有很大的随意性，在具体执行中伸缩性不小。宋代立法细密，但又流于过分繁琐庞杂，使人难以依从，奸吏则更是取其所需，营私舞弊。

（七）宋代审计的特点与得失

宋代审计监督总的框架特点之一是多重监督，层层关防。多重审计监督的第一个表现是自上而下的监督。宋代最基层的审计监督官是县之丞、簿，他们一般要受到知州和通判的监督。州、监、县之上是诸路监司，监司分别对州、监、县履行不同方面的审计监督权，并对中央各自主管部门负责。监司之上是中央台谏，对监察负总的责任。

---

① 《宋史·食货下一》。

多重监督的第二个表现是同级之间的监督。在中央，如比部对京师诸司的驱磨；在地方，如诸路监司之间必须互察，不得隐瞒或失于按举；知州、通判通签书施行，互论不法；知县、丞的通签，互相检察等。多重监督的第三个表现是下级对上级的监督。在中央，勾院可以对其上级三司使违法乱纪行为进行举劾；都凭由司、审计司可以对诸部寺监钱物支出进行事前审计；比部虽然只是刑部之下一司，但可以钩考百司经费。在地方，州县可以把监司违法之事密奏朝廷，甚至连“经费之钱，总于转运，转运不自有也，皆听知、通以支之”。[1]

宋代皇帝对臣下的监督是空前的，例如诸路监司，是中央联系地方的最重要环节，本身呈现出监审和被监审的多层关系。在这种严密的纵横交错的监督网络中，宋代没有频繁出现像明清那样的特大经济案件，这是其成功的一面。还有宋朝廷在强敌压境的窘况下，屡经战火，国家财政尚能支持住浩大的开支，当然主要原因是南方经济的发展为其提供了雄厚的物质基础，但与统治者加强审计监督，开源节流，调节收支平衡也是有一定关系的。

---

① 《古今源流至论》续集卷七。

宋代审计监督总的框架特点之二是机构设置复杂多变，这在古代历史上相当突出。元丰改制前，中央三司审计监督系统在古代史上是别开生面的。宋把唐比部职能分散于三司之下诸子司，其中三部勾院掌勾稽中外账籍，都磨勘司掌覆勾中外账籍，理欠司掌追征逋欠。除此之外，宋在三司之下还设置一些机构，其职掌是唐比部所不具备的。如都凭由司掌勾销凭由，专勾司掌勾销军队给受。从景德到熙宁年间，宋还设置提举在京诸司库务司，对名目纷繁复杂的诸司库务的钱物出纳进行划一的监督。宋代地方则由监司、通判、丞簿逐级负责监督，特别是路这一级并设转运、提刑、常平等司，这在古代史上也是仅见的。元丰改制后，宋代的审计监督体系，中央基本上恢复了唐比部的勾覆组织，而地方的监督体系依然不变。

宋代许多具有审计职能的监督机构置废分合无常，如三司勾院分合了 11 次，提刑司置废分合达 9 次，常平司达 12 次。即使转运司相对稳定，但也频繁变动其职掌范围，不时有机构归并其中，又有某些职权被分夺。

宋代审计监督机构的复杂多变还不止于此，历朝还设置了一些为期很短的机构。如北宋太宗时暂置三司行账司；真宗时设置三司勾簿司；神宗时设置会计司；哲宗时设置拘辖司；徽宗时设置催辖司；南宋高宗时设置账司、经制司；孝宗时设置驱磨司等。

宋代审计监督机构置废分合无常多变，具有较大的盲目性和随意性。但是在多变的表象下，其基本机制则是较稳定的。也就是说多重监督、层层关防的机制没有变。换句话说，自上而下、同级、自下而上的监督网络没有变。

宋代皇帝一味以防弊之政，作立国之法，这些措施矫枉过正，又不知变通，因而也带来了一些消极的后果。审计监督机构设置复杂，难免重叠交叉，使机构之间监督有余，负责不足。

宋代审计监督机构变动之频繁，表明在特定的历史条件下，统治者为克服审计监督上出现的新问题，频繁地改变监督体制，企图从中找到一个适当的办法，但都是捉襟见肘，未能奏效。最后只得采取权宜之计，塞漏补缺，层层关防。这种被动的措施导致了审计方式的繁琐化，使原来已经繁重的工作量更加繁重，其结果是成了恶性循环。正如至道二年（996 年）宋太宗曾对盐铁使陈恕所说的："今三司但欲增置关防，以塞奸幸，不知纲目既众，簿书愈多，奸幸弥作。"①

① 《长编》卷四十。

宋代财政财务收支审计没有搞好，其最突出的表现就是账籍大量积压没有勾考，那就更谈不上能勾磨出失陷隐漏了。如《宋史·职官三》载："旧账案隶三司，自治平中至熙宁初，凡四年账未钩考者已逾十有二万，钱帛、刍粟积亏不可胜计。"

宋代在审计上的一个突出特点是机构的专职化程度很高，各机构分工细致并专司其职。如唐比部的各种职能，在宋元丰改制前由三司属下的三部勾院、都磨勘司、理欠司等分工负责。又如对路这一级的审计监督，则由转运、提刑、常平司等分工负责。总之，这种分工在中国古代史上其他朝代几乎没有见到。

中国古代的审计方法在宋代也有较大的发展，在查账法中已充分注意到账证、账账、账实的相符。比较分析法主要应用于对官吏经济政绩的考核，以十分为率比祖额、递年增亏，而且采取定额制，如超出或减少规定的某级额数，就给予相应的奖惩。同时，在比较增亏中已注意到获利与本钱的比率，即经济效益问题。还有宋代确定祖额的办法比较客观合理，即取 3 年、5 年等数年酌中之数。宋代由于社会经济的发展，特别注重对茶盐酒税课利的考核比较。从《事类》记载可知，中国简式审计报告的基本要素在宋代已经大致具备。

宋代财政收支之浩大，苛捐杂税之繁多，财政分配之复杂，使宋代财经管理和监督的工作量大大增加，超出官吏人员所能承受的负荷。再加上“三司官吏积习依违，天下文牒，有经五七岁不为裁决者”,[1] 致使账籍大量积压，吏缘为奸。

审计对肃清吏治能起很大的作用，但不是灵丹妙药。相反，吏治的良窳则决定着审计效果的好坏。如宋代财务审计水平超过唐代，但审计成效不如唐代。宋代吏治渐趋腐败的一个特点是政以贿成，这种风气照样也侵蚀到审计监督工作中，“盖州郡所发文账，随账皆有贿赂，贿赂各有常数。已足者皆不发封，一有不足，即百端问难，要足而后已”。[2] 显而易见，对账籍的勾覆点检非但不能成为防贪的有力措施，反而成为奸贪者以权谋利的工具。

（八）辽、金审计仿唐宋

我们在研究中国古代审计史时，汉族王朝由于政治、经济、文化较为发达，史籍记载较多，当然是论述的重点，但我们也不能忽视少数民族

---

① 《长编》卷四十八。

② 《长编》卷三百八十三。

建立的一些政权。辽是契丹族在我国北方建立的一个国家，从公元916年阿保机建国，到公元1125年天祚帝被金朝俘虏而亡，共历210年。金是女真族在我国北方建立的一个国家，从公元1115年完颜阿骨打建国，到公元1234年蒙古灭金，共历120年。

辽代全国分为五道，汉人州县皆以道领。五道设有五京，各京设置掌财政出纳的“司”，为各道汉人的最高财政机构。见于记载辽代最早的各京专门经济职官是南京三司使，南京三司使的官职有某京某使、知某京某使事、某京某副使、同知某京某使事、某京某判官等。除此之外，考察文献和石刻上的一些记载，南京三司使司中还有这样的职官：三司使、三司副使、三司户部判官、三司度支判官、三部勾院判官等职。而且，这些职官是名实相符，分管财经工作的。

据《辽史·百官志四》记载，辽各京经济官署除南京三司使司外，尚有上京盐铁使司、东京户部使司、中京度支使司和西京计司。这些机构虽然名称各异，其实与南京三司使司的职掌相同，均为所在地区的财政机构。正如余靖在《武溪集》卷十八《杂文·契丹官仪》中所说的“契丹司会之官……置使虽殊，其实各分方域董其出纳也”。

在五京计司之外，辽还仿效唐宋设转运使。关于辽转运使的活动，记载甚少。《辽史·耶律俨传》载：大安六年（1090年）冬，耶律俨“改山西路都转运使。刮剔垢弊，奏定课额，益州县俸给，事皆施行”。从这个记载看，辽都转运使的职权还是以理财为主的。

总之，辽朝的五京“计司”、转运使司分别掌管一道一路的汉人财经，其中南京三司使中有勾院判官，其职掌可能与宋三部勾院判官一样，掌勾稽账籍。辽全国没有专门的财政机构，其京州的财权统一归入南枢密院直接掌握和控制。

辽在监察制度上亦仿唐制，太宗会同元年（938年）于南面官设置御史台，台内人员有御史大夫、御史中丞、侍御史。至于其职掌，《辽史·百官志》一无所载。据《辽史》其他卷所载，监察百官和复查刑狱是御史台的主要职责。

金朝在户部之下设勾当官，“专提控支纳、管勾勘覆、经历交钞及香、茶、盐引、照磨文账等事”。可见，勾当官为户部内部审计官。此外，金朝还设有覆实司，“管勾一员，从七品，隶户、工部，掌覆实营造材物、工匠价直等事”。建筑工程经费由户部（或三司）、工部协同管理监督，这是金财政审计监督上的一个特点。金章宗太和八年（1208年），省并户部置三司，兼管劝农、盐铁与度支三科。以三司使为长，下设副使、签三司事、同签三司事、判官、规措审计官等。从设规措审计官看来，三司内部可能也设有专职审计机构，负责三司财政的审计。

金也设御史台作为监察机构，以御史大夫为长，下设御史中丞、侍御史、治书侍御史、殿中侍御史、监察御史等官。御史掌纠弹百官非违，其中一项重要内容是纠劾官吏的贪赃枉法，并定期监察六部。金代经常派遣御史巡察地方，起初是一年一次，兴定元年后改为一年两次。除此之外，金章宗承安四年（1199 年），改提刑司为按察司，委以“监察采访”，“掌审察刑狱、照刷案牍、纠察滥官污吏豪猾之人、私盐酒曲并应禁之事，兼劝农桑，与副使、签事更出巡案”。

金朝在兴定四年设京东、西、南三路检察司、“掌检察支散军粮，验军户实给，均军户差役，劝农种，毋犯私杀马牛、私盐酒曲”。并在都转运司下设都勾判官，掌“纪纲众务，分判勾案”。由此可见，检察司和都勾判官均具有一定的审计职能。

金章宗泰和四年（1204 年），定考课法，以唐朝律令为准，作四善、十七最之制。四善与唐同，十七最在仿唐的同时又进了一步。唐朝要求监察勾检人员“明于勘覆，稽失无隐”，金则要求“案簿分明，评拟均当”，显然，不仅需要准确勘覆，而且还要进一步进行恰如其分的评拟。金时还提出监督之最为“出纳明敏，数无滥失”，仓库之最为“明于出纳，物无损失”。

由于史料缺乏，有关辽审计活动的明确记载，笔者至今尚未见到。金朝，对官吏财经法纪审计主要由御史负责。御史纠劾财政上的假公济私，如元好问《遗山集》卷十八《王公神道碑铭》载：“西北路三司签事张炜以规措隐没县官钱，诏公（监察御史王刚敏）鞫之。公比勘失滥钱币草米，例以百万计，皆权要假贷之数。”御史也按察官吏的贪污，如同书卷二十九《故帅阎侯墓表》载：“寻有潜于行台者，以为载之多敛部民金而私贮之。行台按籍问之，其出入皆有朱墨可寻。”

金朝在对官吏经济政绩的考核上亦仿效唐宋。金朝对盐酒醋茶、诸征商等场院务订有增亏升降格，也采取十分为率的办法进行评比赏罚。金朝确定诸场院务每年收入的额数一般采取通比数年平均值的办法，使定的课额比较合理，不致于偏高偏低，数年（一般五年）之后重新评定一次，这样既可以相对保持课额的稳定性，又可以根据情况变化不断调整额数。

历史上，辽、金作为地方少数民族政权，在

政治、经济、文化上深受中央汉族王朝影响。其在审计上也不例外，如在审计机构设置上，仿唐宋之制，建立三司、审计官、御史台等，但与中央汉族王朝相比，显得较为简略粗疏。辽、金少数民族政权由于政治、经济、文化相对落后，加上战争的环境以及史籍记载简略，有关其审计活动的记载很少。尽管如此，少数民族政权在审计上亦有自己的特色。如金对监察勾检人员的要求，在唐“明于勘覆，稽失无隐”的基础上，进一步提出“案簿分明，评拟均当”，即不仅需要准确勘覆，而且还要进一步给予恰如其分的评议。

（九）西夏审计重光于世

西夏是党项族在我国西北地区建立的一个国家，从 1038 年李元昊称帝，到 1277 年为蒙古所灭，共历 239 年。由于蒙古军队对西夏实行毁灭性的征服，因此，其文献、文物多被毁损湮没。这使后世研究西夏的学者常因资料的匮乏而感到困难，对西夏审计史的研究更是如此。1909 年，以科兹洛夫为首的俄国探险队在原西夏黑水城遗址（今属内蒙古自治区额济纳旗）发现了大批西夏文献。这批文献大大丰富了西夏研究资料，其中《天盛改旧新定律令》（以下简称《天盛律令》）保存有珍贵的审计史的资料。1994 年，科学出版社出版了《中国珍稀法律典籍集成》，其中，甲编第五册即为史金波等人翻译的《天盛律令》。它使湮没已久的西夏审计情况重现于世人面前，以下所引未注明出处者，均见于此书。

据《宋史·夏国传》记载，1033 年，元昊仿宋建立了一整套的官制。其职掌据《西夏书事》所注，与审计有关的是，三司“总国计，应贡赋之入，属有正使、副使、盐铁使、度支使等官”；御史台“掌纠察官邪，肃正纲纪，属有御史大夫、御史中丞、殿中御史、监察御史等官”；受纳司“司仓庾、贮积及给受等事”；磨勘司“司选叙、磨勘、资任、考课”。西夏地方设有转运司，掌管地方财政，兼有审计职能。还设有磨堪司，具体负责磨堪钱粮簿册、凭证等。

为了监督诸库钱物的保管，及时发现偷盗短缺的问题，西夏政府制定了一系列法规加强对诸库钱物收支簿籍、凭证的审计监督。如规定管库人必须依法报送簿籍、凭证到磨堪司进行审核检查，不送者则要受罚：“诸种种执库所属司人，各自当行文书、升册，依法当引送告奏磨堪司，不许缺留。倘若违律，执局分人文册缺，不引送磨堪司等时，边中诸司所住滞人处局分大小等，一律有官罚马一，庶人十三杖。受贿则量之，以偷盗法判断。”由于原始收支凭证是审计的重要依据，因此西夏规定所有收支凭证必须登记收录在册，不许缺失，否则要受到处罚，“诸种种执局分人于所定长短期限内当告纳典册，各自收入、支出凭据等，皆当注于册上，不许留缺。倘若违律，官物收入、支出凭据不注于册而缺留时，局分小监、出纳、司吏等有官罚马二，庶人十五杖”。诸库报送磨堪司的簿籍、凭证，磨堪司若不尽职尽责审核，有错误不予过问，或因受贿而有意掩盖，则要受到处罚：“诸司所属种种库局分引送磨堪司告纳者，官物收入、支出散册，每月诸案数当录先前官物收入、支出。隐匿收入支出，不录册上时，当过问。若诸司先不录散册，不与典册、凭据好好校，案中不过问，相遮掩而不告时，局分案头、司吏有官罚马一，庶人十三杖。库局分说项行贿求安，则以枉法贪赃论，予者取者等一样判断。”对于牧场的审核检查与诸库基本相同，如有关主管部门和磨堪司查核不出错误，当受到处罚，如因受贿而有意隐瞒，则要以贪赃枉法罪加重处罚。

西夏中央都磨堪司、地方转运司和磨堪司负责审计工作的具体做法，《天盛律令》卷十五《收纳租门》有一些记载可窥一斑：“都磨堪司当引送，所属郡县管事□、司吏等当往磨堪。自腊月一日始至月末，一个月期间当磨堪完毕，所遗尾数当明之。正月一日转运司当引送，令催促所属郡县人，令至正月末毕其尾数。若其中有遗尾数者，二月一日当告中书，遣中书内能胜任之人，视地程远近，所催促多少，以为期限……所属郡县人于期事未毕，转运司、磨堪司引送磨堪迟而住滞等时，无受贿，罪依所定判断。”从此并结合其他律文可以看出：对收纳租的审计程序是转运司于每年十一月份将所属郡县收纳租簿册、凭证送往磨堪司，磨堪司于腊月（十二月份）磨堪完毕，并报告所遗留未交的数额。第二年正月，转运司依据报告催促所属郡县继续收纳。如果在正月之内还未收纳，转运司于二月一日报告中书，中书将派人催促收纳。

西夏社会经济是农牧并重，尤其是党项族人，更是以畜牧业为主。因此，国家重视对畜牧业的审计监督。《天盛律令》卷十九有《校畜门》，专门制定条文对牧场牲畜的“磨堪计审”。对牲畜的审计与收纳租审计基本相同，由群牧司在畜册上算明应缴纳的毛、酥斤两总数、人名等，然后连同毛、酥实物交送三司等局分处，依法进行磨堪。如有未交足的，送还群牧司予以催促缴纳。

西夏政府在收纳租时，为防止官吏重入轻

出、未纳当作已纳、偷盗贪污等弊端，特设立计量小监、巡察官等进行监督："纳种种租时节上，计量小监当坐于库门，巡察者当并坐于计量小监之侧。纳粮食者当于簿册依次一一唤其名，量而纳之。当于收据，上有解斗总数、计量小监手记，不许所纳粮食中入虚杂。"缴纳之际，还要以新、旧两本簿册进行核对，如确实没有差错，再造清册一卷，一同送中书再次审核。"计量小监人除原旧本册以外，依所纳粮食之数，当为新册一卷，完毕时以新旧册自相校对，无失误参差，然后为清册一卷，附于状文而送中书。中书内人当再校一番，有不同则当奏，依有何谕文实行。同则新旧二卷之册当藏中书，新簿册当还之，送所管事处往告晓。"

西夏管库新旧官吏交接时，朝廷须派官前往实地当场监督新旧官吏交接，并将有关簿籍报送都磨堪司审查核校："种种官钱谷物，边中、京师库局分三年期满，迁转日已近，所遣新局分已明时，前宫侍，邠门臣僚等中当派能胜任之人，分别当往实地上，种种钱谷物何置，令交接者及新旧库等共于眼前交接，典、升册分明当行，新库局分人已敛几何当明之，与当取敛状相接，于所辖本司分明，一文典当告，往都磨堪司核校。"

西夏边中诸库已经磨堪的钱物簿籍等，还须

送往京师各分管诸司和经略进一步审核。如有发现问题，还要送中央都磨堪司校验证实，最后报告中书和枢密处置："边中诸司人于自己所辖库局分已磨堪，来到京师诸司及经略等所辖处时，已妥未妥，当再一番细细磨堪。典册官物等中粗粗经过，造典册未妥、不分明，则当弃之。若此三种未妥，已入住滞△，往至都磨堪司时，依前述法当再好好校验磨堪。就此各项各方所弃虚杂，当告中书、枢密所管事处，有住滞处当令伏罪，应判断则判断，应奏则奏。"

综上所述，西夏审计主要仿行宋朝之制，但也有自己的特色，如设立计量小监、巡察官监督诸库、重视对牧场牲畜的"磨勘计审"等。但总的说来不如宋朝系统、复杂，其原因当是经济发展水平决定的。

（十）元代御史的审计职能

元朝是中国历史上蒙古族统治者建立的王朝。一般所说的元史，包括蒙古国和元朝两个时期的历史。从 1206 年成吉思汗建立蒙古国，到 1368 年明军攻陷大都，共历 163 年；其中从元世祖忽必烈 1271 年改称"大元"算起，共历 98 年。

元代御史台是中央最高监察机构，在法定的

官僚品秩中的地位，则与中书省平章政事、枢密院知院同为从一品官。元朝统治区域广袤，为了加强监察，除中央设立御史台外，地方还设立了两个行御史台，即江南诸道行御史台和陕西诸道行御史台，还在包括中书省在内的 11 个省区中，设立了 22 道肃政廉访司。每道设廉访使二员，正三品；副使二员，正四品。廉访司分别隶属于御史台和行御史台，行御史台又为御史台所辖制。这使得监察机构从中央到地方，形成了一个以御史台为中心，行御史台为重点，各道廉访司为经纬的三级监察网络，并为整个行政统治系统形成纵横交错之势。这种组织严密、层次繁复的监察机构设置形式，是元以前历代所没有的。

元代御史台弹劾中书省以下，内外百官奸邪非违，肃清风俗、刷磨诸司案牍。元代监察机构职能的具体规定，也取条例的形式，远比汉唐详细、具体、广泛，兹举《元典章》卷五《宪台格例》和《元典章》卷六《察司合察事理》中与财经审计监督有关的一些条例。

《宪台格例》："随路总管府、统军司、转运司、漕运司、监司、及大府监并应管财造作司，分随色文账，委监察每季照刷。""官为和买诸物，如不依时价，冒支官钱，或其中克减给散不实者，委监察纠察。""诸官吏将官物侵使，或移易借贷者，委监察纠察。”“诸官吏乞受钱物，委监察纠察。”“诸院务监当官办到课程，除正额外，若有（办到）增余，不尽实到官者，委监察纠察。”“应营造役工匠之处，委监察随事弹纠。”

《察司合察事理》：“诸官府文卷上下半年照刷，但有违错，依理决罚。凡干碍动支钱粮并除户免差事理，虽文卷完备，数目不差，仍须加意体察。有诈冒不实者，随事究治。其转运司文卷年终照刷，官吏盗诈违法，体察得实申台呈省。”“巡按官所到，凡仓库收贮官物及造作役使工匠去处，须管遍历巡视，用心体察。有收贮不如法，并侵盗移易、损坏官物及诸造作役人不应者，随即纠治，申台呈省。”

元代御史台在监察中一个重要的工作是照刷文卷，其对象是上自中书省以下诸司，下及地方行省、随路总管府，御史台中具体负责刷卷的主要是监察御史和廉访司。

刷卷的内容主要是钱粮、刑狱等方面，《元典章》卷六《台纲二·照刷》有详细记载，兹叙述与钱粮有关的事项：如审查文卷是否有“改抹日月”“文义差错”“涂注字样”“补勘文字并倒题月日”“虚调行移”“照承受指挥日月有无稽迟”“磨算钱粮”“杂泛差役验是何分数，科差、和籴、和买已未支价，照时估合算体覆”“应系远近年分，和籴、和买、造作诸物未足价钱，保结开申”“辨验印押”。

照刷文卷的具体做法是：如照刷文卷有稽迟，就于刷尾标写“稽迟”或“违错”；如无差错，就于刷尾标上“照过”两字。除此之外，还要在刷尾标写此卷是否已经全部刷完，如未完成，则标写“未绝”，已完成则标写“已绝”。某项文卷全部刷完，还要在刷尾缝上盖上刻有“刷讫”的刷印以及本司的官印。这样，照刷文卷工作基本结束。王恽《秋涧集》卷八十三《乌台笔补牒呈》对照刷的操作过程，有较详细的记载：“旧例照刷所司，先具事目到台，其文卷后粘连刷尾，具公事本末赴台照刷。监察御史于正位坐阅朱销簿。台令史一人在旁亦坐，执掌具列事目。其该当人员引卷通读。若系算数文卷，更设账科司吏一名，与台令史一同刷磨。其中但有违错稽迟，监察将文卷收讫，申台量情治罪。余无违错者，即令大程官于刷尾骑缝近下，先用刷讫铜墨印，然后盖以监察御史朱印，及于朱销簿上结尾后亦用刷讫铜墨印。”这里刷卷的主持者是监察御史，另有助手台令史一人，如是涉及会计账籍的文卷，还要专业审计人员账科司吏一名。刷卷结束时，又有掌印者大程官加盖刷讫铜墨印及主持者监察御史朱印。从“赴台照刷”可知，刷卷主要采取送达审计的方式，而且审计者与被审计对象是面对面地审核稽察，这就是“监察御史于正位坐阅朱销簿”“其该当人员引卷通读”。

监察部门职掌是刷磨诸司案牍，从而发现问题进行纠弹，而不法官吏则采取各种手段逃避刷磨，对此，元政府规定对钱粮问卷必须特别注意照刷。“凡干碍动支钱粮，并除户免差事理，虽文卷完备，数目不差，仍须加意体察。有诈冒不实者，随事究治。”①

元代御史在财经法纪上的审计主要表现在两个方面：其一，弹劾官吏私取工俸、失隐官粮、侵支钞钱、克落盐折粟价钱、损坏管粮等经济上的违法乱纪或失职行为。如王恽《秋涧集》卷八十八《弹固安州官吏克落盐折粟价钱事状》载：固安州官吏因合伙克落盐折粟价钱 19 锭 16 两 6 钱而遭到御史纠弹。又如《秋涧集》卷八十八《弹李二寺仓损坏官粮事状》载：仓官李二寺因失职损坏官粮 9100 余石而遭到御史弹劾。其二，对经济上一些不合理易作弊做法提出改正意见。如《秋涧集》卷八十九《论宣课折纳米

---

① 《元典章》卷六。

粟实常平仓状》云：御史为了防止官吏作弊，建议将农民课程约量折纳粟豆等物，既免欺隐，又省紊烦，公私两便。又如《秋涧集》卷八十九《论随路交钞库令总管府提点事状》云：御史为防止交钞库失陷奸欺之弊，提出上下递互关防的办法。

元代御史通过照刷文卷，进行财政财务的终审。御史还对财经法纪审计负主要责任，正如时人程文海《雪楼集》卷十《置贪赃籍》中所云："国朝内有御史台，外有行台按察司，其所以关防贪官污吏者，可谓严矣。"元代御史的审计职能大大加强，开明清科道官审计之先河。

（十一）元代检校和照磨官的审计职能

元代中书省和行中书省设有检校所，中书省检校所设官4员，吏6人，行中书省检校所则减半。其职掌检查、核对案牍是否迟滞和错失。检校官在检校中查出的问题，必须上报幕府审议决定。如被检校者认为检校结论有误，可以提出申诉，甚至可以与检校者当场对质，直到检校结论符合事实和法律规定。元代，检校官虽为七品小官，而且人数不多，但肩负着监察与审计的重任，因此，有"诸曹御史"之称。

元代的检校类似唐代的勾检，也对钱粮进行

稽查审核。检校官设置的初衷，就是要进行经济上的审计监督。正如虞集在《道园学古录》卷八《中书省检校官厅壁记》中所云："中书省检校官者，至元二十八年（1291年）尚书省以户、工二部营缮出纳之繁，奏设是官，以核其程书。官二员，吏四人……三十年（1293年）奏增为（官）四员，吏六人，分督省左右司、六部及架阁仓库文字之稽滞乖违者，而纠正之……其于宰相有寄耳目之明。"《元典章》卷二十二载："诸钱谷之计，其各处行省每岁须一检校。凡理财之法，或者未尽，蠹财之弊，或有未去，生财之道，或有未行，逐一议拟咨省。户部该管去处准此。""诸应支钱粮，腹里路分皆凭省部勘合理算。其有申准诸支明文、例应倒除者，每季照勘所支数目，抄连合用文凭，检校一切完备，须要不过次季仲月中旬，开申合干部分，照勘相应，随即除破。各处行省所辖路分应申倒除者，准此。"① 从上述两条史料还可看出元朝检校不仅审核钱谷出入，而且对财政财务管理的利弊得失也进行评析，提出改进的意见。检校在时间上的安排是腹里（内地中心地区）路分每季照勘，而各处行省则每岁须一检校。其检校的过程是自

① 《元典章》卷二十一。

下而上进行，“诸应申上（司）定夺之事，皆自下而上用心检校”。[①]

由于检校之职在于“愉者正，缪者绳，过者抑之，稽滞者董之，颠倒错乱者厘而治之”，[②]因此，对检校中查出的问题，根据性质的不同分别予以处理。如“（苏志道）为检校官，得工、户二曹滥出财物数千，收之；得吏曹官资高下失当者数十事，正之”。[③] 又如，“中书省检校官陈便益，正愆缪，黜奸赃吏，核滥出金谷若干，六曹吏为悚畏”。[④] 这里对滥出财物进行追讨，对奸赃之吏则予以罢黜。

元朝上自中央中书省、六部、宣政院、宣徽院等，下至地方行中书省、诸路总管府等均设有照磨一官，而且像户部这样主管全国财政的机构，其下属大部分部门也设有照磨一官。照磨官的职掌主要是磨勘钱谷出纳之事。如中书省照磨官“掌磨勘左右司钱谷出纳，营缮料例，凡数计、文牍、簿籍之事”。[⑤] 吏、户、礼三部照磨所掌“三部钱谷计账之事”。照磨官还有其他职

---

① 《元典章》卷四。

② 《羽庭集》卷八。

③ 《道园学古录》卷十五。

④ 《至正集》卷四十七。

⑤ 《元史·百官一》。

掌，如兼管案牍、刑狱等事。元代照磨官的品秩很低，以八品或九品官充任。而且人员配备也少，如一个庞大的中书省，仅设照磨 1 员，典吏 8 人。左三部照磨所也仅照磨 1 员，典吏 8 人。其他机构更少，仅设照磨 1 员，没有什么其他属吏，有的照磨官甚至由提控案牍兼任。但是，照磨官的监督作用不可低估，如郑玉《师山集》卷 3《送郑照磨之南安序》中所云："照磨初名提控案牍，行省版授；后改兼照磨承发架阁，乃命于朝列第九品。今铨曹以员多，虽正从八品，皆借注为之，又兼领对同承发检举勾销。与夫图籍之所藏，案牍之所庋，别有印章。其位视经历、知事虽在下，而事加繁剧焉。令甲凡在外诸司署牍，皆自下而上，故一路之事，必自照磨始。照磨以为可，则署而呈之府，然后行之州县；照磨以为不可，则格不得行。故一郡之休戚，众务之得失，在于照磨一署之顷。照磨署之当，则一郡蒙其福；照磨署之不当，则一郡受其害矣。照磨之职，可不谓重且剧哉!"从此，我们可以知道，元代照磨官的特点是秩卑、员少、事繁，监督之权颇重。

元代照磨官品秩很低，故史籍中有关其审计监督活动的记载极少。兹举二例以窥一斑。许有壬《至正集》卷四十三《御史台照磨题名记》

云："厥初无照磨官，至元壬辰，台臣以赃入既夥，出纳无适，爰始奏设。又虑员之冗也，乃以其职冠承发管勾兼狱丞之上，遂为定制焉……愚惟照磨兼承发狱丞，一人而三职也。独称照磨者，举其概也。金谷则欲烛照磨研，厉其隐失也；簿书则欲久近有稽，出入无格也；囹圄则欲大而无抑无庾，小而无淹也。"显而易见，照磨官设置之初，就是针对"赃入既夥，出纳无适"；尔后，照磨一人身兼三种职能，其首要职能仍是烛照磨研金谷出入，也就是说对钱粮收支进行审计监督。黄溍《文献集》卷八上《江浙行中书省左右司都事刘君墓志铭》载："（刘济）选授江南浙西道管勾承发架阁兼照磨，以照磨劾其使贪纵不法，事闻，使坐斥去。"从此条记载可知，照磨官在照磨钱谷出纳中发现某官经济上违法乱纪行为可以纠劾，但似乎没有处理权，只能呈报上级对其实行处罚，这就是"事闻，使坐斥去"。

综上所述，元代的检校所负责中央各部门及地方各级官府财政财务收支的审核稽查，检校所与唐代比部不同的是它不是隶属于刑部司法系统，而是隶属于中央和地方最高行政机关中书省或行中书省，也就是说审计职能从司法系统转移到行政系统。唐代勾检官的设置，大致可分为两个最高领导机构，即尚书省左右丞、左右司郎中、员外郎所在的官府和刑部之下的比部，检校所类似于前者，而总揽了两者的职责。元代的照磨官则类似于唐代中央各部门负责勾检职能的丞或主簿、地方府州县负责勾检职能的司录录事参军、录事参军、主簿、录事或丞等，而且都隶属于行政系统，负责从中央至地方各级官府内部财政财务收支的审核稽查。

总之，元代虽然取消了比部，但通过检校和照磨官仍然大体上保留着唐代比部对中央至地方各级官府审计的机制，只是元代检校和照磨官的审计并不像唐代比部有终审权，最后还必须由御史通过照刷文卷进行终审。

五、明代的审计

林 延 清

（一）作用明显的盐务收支审计

明朝对盐务的管理是由在户部指导下的都转运盐使司（简称运司）和盐课提举司等盐政机构实施的。运司共设六处，分别为两淮、两浙、河间长芦、山东、福建和河东。各运司设都转运使一人（从三品）、同知一人（从四品）、副使一人（从五品）、判官若干人（从六品），其属有经历司经历、知事及库大使、副使各一人；所辖分司由同知副使及判官分领，各场盐课司及盐仓、批验所设大使、副使各一人。

六运司之外，还有四川、广东、海北、云南黑盐井、白盐井、安宁盐井、五井等七个盐课提举司，均设提举一人（从五品）、同提举一人（从六品）、副提举无定员（从七品），所辖各盐仓及场、井盐课均设大使、副使各一人。

各盐司、分司、提举司和盐课司的职掌是管理各处盐场、盐井，向灶户征收盐课，并据盐引将盐批转给盐商。盐课是明朝的一项重要税收，每年约解送太仓银一百余万两，各镇银三十多万两，约占明朝每年总税收的一半左右。因而对盐课的审计也特别重视。

万历三年（1575年）以前，各地盐务机构账簿的审核归属于对应的户部清吏司；而这之后，经由户部尚书王国光的提议，则完全提交给户部山东清吏司稽核。当然这种审核还要有户科给事中的参与。此外，还建立了监察御史对各地盐务的巡视、稽查制度。史载："巡盐之官，洪、永时尝一再命御史视盐课。正统元年始命侍郎何文渊、王佐，副都御史朱与言提督两淮、长芦、两浙盐课，命中官、御史同往。未几，以盐法已清，下敕召还。后遂令御史视盐，依巡按例，岁更代以为常。十一年以山东诸盐场隶长芦巡盐御史。"① 可见，除临时派遣户部和都察院长官巡视、稽查盐政外，经常性的审计工作由御史，即巡盐御史承担。各省按察使司的盐法道也负有对坐落在该省境内的盐务机构的审计职能。

明朝对盐政的审计活动，体现在以下几个方面。首先，对征收、贮存盐课的稽查和审核。明代盐课折色，早期以布帛为主，征收后基本不解

① 《明史》卷八十，《食货志》四。

户部，而是备各边支用。成化时期（1465—1487年）以后盐课折银逐渐增多。各地所折银两均须解送户部，交太仓库收贮。洪武二十六年（1393年）制定了对各运司和提举司盐课的审核办法，“凡天下办盐去处，每岁盐课各有定额，年终各该运司并盐课提举司，将周岁办过盐课出给印信通关，具本人递奏缴。户部委官于内府户科领出，立案附卷作数，及查照缴到通关内该办盐课，比对原额有亏，照数追理”。[①]

弘治二年（1489年），明政府还制定了不同地区盐务机构盐课账册送达的时间表，“长芦、山东、河东运司于次年三月终；两淮、两浙运司次年四月终；福建、广东、云南、四川运司提举司于次年六月终，差吏亲赍奏缴”[②]。同时不定期令各地盐务机构对征收盐课情况另制青册上缴，以便稽核，“仍造青册二本，一本送户科注销，一本送本部（指户部）查考。若有过期，并数目不清及虚出捏造者，查究问罪”。[③]

其次，对地方盐政实施开中制的稽查和审核。明政府为解决边远地区驻军的粮食供应问题，于洪武三年（1370年）实行“开中法”，即由官方召募商人运输米、麦、粟等粮食到边塞，

---

①②③ 《明会典》卷三十四，《户部》二十一。

根据商人登记缴粮种类和数量，折合成应支食盐的数目，发给商人领盐凭证“盐引”。商人持引赴产地支取食盐，并在指定地区贩销。这种方法最初推行于山西大同，以后则行之全国。

为使开中法真正起到充实边疆地区粮食储备的作用，明政府对其进行了严格的稽查和审核。正统二年（1437 年）令：“各该中盐卫分造册一本，具客商名数径缴户部。其盐运司仍将该司额办盐数申报。每年终，支过引盐及客商姓名，另具总数，径申本部（指户部）注销。”① 这里，在接受粮食的卫申报盐商的名数给户部，和盐运司申报额办盐数的基础上，户部通过注销每年支过“盐引”和客商的数量，来进行稽查。

景泰元年（1450 年）明政府又令：“各商中到存积官盐，人到即支。其常股盐，每年依期将见到商人挨次，量高低场分，派搭封验引目，赴场关支。备将商名贯址，勘合字号，米盐数目，搭派场分造册缴部。年终，仍将放过商名、盐数类总造册，送部查照。”②显然，明政府采取的是平时将日常支取食盐和接收粮食数量，及商人姓名、贯址等情况造册上报，与每年年终时“将放过商名、盐数类总造册”上报相结合，进而由户

①② 《明会典》卷三十四，《户部》二十一。

部进行查照、审核的办法。这是对开中盐支放情况进行详查，以杜绝漏洞。

同时，明政府还加强对盐引回收的审核，弘治十四年（1501 年）令："两淮行盐地方有司，凡遇商人运到引盐，即拘告报数目。卖毕，追收退引，按季缴送运司，听巡盐御史年终通查具奏。"① 明政府对盐政的稽核和审计，对于保障盐业生产和灶户盐商正当权益，有一定作用。嘉靖三十九年（1560 年）三月，经内阁首辅严嵩的推荐，明世宗委任鄢懋卿总理两淮、两浙、长芦、河东四处盐政。以大臣一人而总理四运司盐政，这在明朝历史上还是第一次。鄢懋卿所到之处勒索属员，收受贿赂，地方有司官员都得膝行拜见。两淮余盐以往每年征银 60 万两，鄢懋卿上任后，猛增至 100 万两，还遍设关卡，敲诈勒索盐商，致使大批灶户、盐商破产，流离失所。御史林润遂上疏弹劾鄢懋卿"要索属吏，馈遗巨万；滥受民讼，勒富人贿；置酒高会，日费千金；虐杀不辜，怨咨载路；苛敛淮商，几至激变五大罪"。②

世宗虽未惩治鄢懋卿，但在第二年就使其改

① 《明会典》卷三十四，《户部》二十一。
② 《明史》卷三〇八，《鄢懋卿传》。

任刑部右侍郎。鄢懋卿离任后，巡盐御史徐爌极言其扰乱盐政之害，两淮余盐遂恢复征银60万两的旧制，盐商、灶户也恢复了经营盐业生产和贸易的信心。可见，在发展盐业生产和贸易过程中，盐务审计是十分重要的。

（二）成效显著的黄册审计

在明朝的审计制度中，封建统治者对于关乎国家赋役征收的黄册审计尤为关注，也取得了一定的成效。洪武十四年（1381年），明政府建立黄册制度。它以相邻的一百一十户为一里，由其中丁众粮多的十户轮流任里长，余一百户为十甲，每甲设甲首一人，协助里长，在政府颁发的《清册供单》上逐户登记乡贯、姓名、年龄、丁口、田宅、资产。里长汇总成册，呈报至县。册首有图。县府州和布政使司依次总之，汇编成册，连同里甲编造之册，最后上呈户部。因上报户部的册面为黄纸，故名之为“黄册”“赋役黄册”。

黄册确定户籍，作为科派差役的根据。户分为民、军、匠三种。军、匠不再负担一般的差役。民户则以丁粮多少分上、中、下三等，各按等供役。平时人口的增减、产业的变迁都要呈报政府登入黄册备案，每年审定一次。在重造黄册时，根据丁粮的多少而升降。禁止数姓合户附籍；对漏户、逃亡者返回原籍时，从实另报编册，不予责罚。

黄册是官府征收赋役的根据，它的真实与否，直接关系到赋役的征收数量，以及民众负担的轻重。官府吏胥和里长相勾结，营私舞弊变乱册籍的现象时有发生。这不但影响了国家赋役征收，也加重了民众的负担。明政府为缓和社会矛盾，保障国家赋役的正常征收，对黄册的造报予以严格的审查，以杜绝弊端的发生。明初规定全国各地所造的民黄册都要送达户部，然后转到南京后湖（今之玄武湖，又名练湖）集中保管。永乐皇帝迁都北京后，明王朝仍把黄册库留在后湖，直到明亡。此库由户部侍郎管理，国都北移后，转由南京户部领导。它有固定的人员编制，负责保管黄册的官吏大约有二百名左右。

明初尤其是洪武时期（1368—1398 年），明政府对全国各地的黄册进行较为严格的审查。洪武二十四年（1391 年）规定："凡清查后湖黄册，……差御史二员，同户科给事中一员，户部主事四员，督率监生比对，如有户口、田粮、军匠埋没差错等项，造册参奏问罪改正，事完复命。”① 之所以动用国子监生参与审计，一是因清查黄册任务重，需要更多的人手；二是国子监生具有一定的文化知识和审算能力，且年轻，沾染事故恶习较少，能胜任此项任务。据史料记载，每次清查黄册，都有近千名监生参与其中。这对按时完成审查黄册事务作用不小。

明政府黄册审计的安排很紧凑。一般是黄册集中在南京后湖之后的第二年农历二月即开始审查工作，直到五月为第一期，共审三个月。以后因天气炎热暂停一段时间。同年八月开始第二期审查，十一月结束，仍审三个月。经过两期审计，此项任务便告完成。

黄册的清查是很繁琐和艰巨的，要对全国一千多万户的丁口、财产逐次查对，显然不是轻而易举的事情。其具体要求是对所有黄册逐册、逐户、逐页、逐项进行审计，查明填写内容有无差错，凡田产、财产、税额等有紊乱或有错误的要造册向皇帝汇报，同时还要责令填造该黄册的官府照款改正重造，再送后湖重新审核。

在黄册清查中，还使用驳册的方法。也就是发现有错误需要驳回的黄册，就在该册的封面盖一个刻有驳字的印章，使之成为废册，即为驳

---

① 《明会典》卷二一一。

册。这些驳册随后要退回原造的衙门，限期重新填报，待改造妥当后再次解送审核，才能成为正册。

对在黄册审计中发现的营私舞弊行径，朱元璋等明初统治者都给予严厉惩治。洪武二十四年（1391 年）规定："所在有司官吏、里甲敢有团局造册，科敛害民；或将各处写到如式无差文册，故行改抹，刁蹬不收者，许老人指实。连册绑缚害民吏典，赴京具奏，犯人处斩。若官吏、里甲通同人户，隐瞒作弊，及将原报在官田土，不行明白推收过割，一概影射，减除粮额者，一体处死；隐瞒人户，家长处死，人口迁发化外。"[①] 这里，明政府对官吏同人户通同作弊，抹改黄册，或借造黄册之机搜刮民财的行为，处罚十分严厉，令人望而生畏。

进入明朝中叶以后，此种违法行为的处罚稍有减轻。景泰三年（1452 年）明政府颁令："各处攒造黄册官吏、里书人等，捏甲作乙，以有为无，以无为有者，事发，所在法司解京，并发口外为民。"[②]虽然有所变化，但明政府处罚黄册审计中揭发出的违法行为的政策仍然坚持不变。而这种黄册审计制度的推行，则在一定程度上保证

①② 《明会典》卷二十。

黄册的真实性和稳定性。这对加强明王朝对农民人身的控制，以及抑制豪强地主过分盘剥农民、平均赋役负担起到一定的作用。明朝初年出现洪、永、仁、宣时期“百姓充实、府藏衍溢”①的繁荣局面，与黄册制度的推行有密切的关系。

（三）明朝审计的法律与法规

随着明代专制主义中央集权制的建立，审计法规也逐步完善，为审计监督的开展提供了法律依据。

洪武四年（1371 年）正月，明太祖朱元璋亲自删定“宪纲”四十条并颁布施行，经多次修改增补，正统四年（1439 年）颁布《宪纲事类》（以下简称《宪纲》），为明代较为完备的监察、监督法规。以后各代又制定了一些补充条例。

《宪纲》明确规定了监察审计机构的地位和职权。科道监察系统中，都察院及其十三道监察御史、提刑按察使司和六科给事中，都被赋予审计监督权。审查中央政府各部门和地方各级政府的财政收支，是审计监督的重要内容。《宪纲》中说：“凡在京及各布政司并巡历地方仓库、局

① 《明史》卷七十七《食货志·一》。

务等衙门，但系钱粮出纳去处，从监察御史、按察司并分司官不时巡视，若有作弊就便究治。”①

《宪纲》还规定审计监督机构有对官员经济犯罪进行审查弹劾的权力，“凡百官有司才不胜任，猥琐阘茸，善政无闻，肆贪坏法者，随即纠劾”。②

审计监察机构和官员也有考核官吏经济政绩的职责。其内容虽主要为户口、垦田数及赋税收入，但侧重以赋税收入的多少来决定官吏政绩的优劣。这有考满和考察两种形式。

所谓“考满”就是考查在一定任期内，官员完成本职工作的情况，虽然它包括行政事务、办事能力和态度等经济政绩以外的内容，但经济政绩显然是其中最重要的方面。宣德五年（1430年）明廷规定：“天下官员三、六年考满者，所欠税粮，立限追征；九年考满，任内钱粮完足，才许给由。”

考察是官员在特定时间内，接受吏部和都察院的考查，以决定其去留。京官每六年举行一次，京师以外的官员每三年举行一次，在辰、未、戌、丑之年。考察内容是看官员是否具有八种情况：贪、酷、浮躁、不及、老、病、罢、不

---

①② 《皇明制书·宪纲》卷十。

谨，如有即予以处理。其中有关经济方面的问题，需要运用审计手段予以核实。

为确保审计监督的切实推行，明政府明令从中央到地方的各级衙门要接受审计监督官员的审查，要给予配合，不得进行阻挠，否则予以制裁，“凡都察院并监察御史，按察司纲纪所系，其任非轻，行事之际，一应诸衙门官员人等不许挟私沮坏，违者杖八十”。①

《宪纲》对审计监督官员的选拔任用、考核审查及纪律约束予以规定：“凡都察院各道监察御史并首领官，按察司官并首领官，自今务得公明廉重、老成历练之人奏请除授，不许以新进、初仕及知印承差吏典出身人员充用。”②选用监察官员既要公正廉洁、老成历练，又要在资历上有所要求。《明会典》对此进一步规定：“御史缺，从吏部于进士、监生、教官、儒士出身曾历一任者，选送都察院理刑半年，考试除授。”③ 有关审计监察官员纪律约束的条规，也十分详尽。《宪纲》规定审计监察官员要清廉，不得侵占公家财物；履行公务要节俭，不得铺张浪费；要遵守回避制度，保证审计监察的公正性；要依法办

---

①② 《皇明制书·宪纲》卷十。

③ 《明会典》卷二〇九，《都察院一》。

事，不得徇私舞弊；要互相配合、协作，彼此间要监督、纠举。

为防止审计监察官员玩忽职守，营私舞弊，《宪纲》还规定监察御史、六科给事中及按察司等审计监察官员要接受与其身份相符的特殊考核，即所谓“回道考察”。其办法是御史赴各地审核财务期满后，不许枉道回家，要回京依期交代，接受都察院堂上官的考核，如发现有违法或不称职者，即清除出监察队伍。

明政府对经济违纪、违法行为予以严厉惩治，并在法律上予以具体规定，给处置审计监督中揭发出的经济违法犯罪问题，提供了法律依据，有利于审计工作的顺利实施。

《大明律》把官吏犯赃罪的处理列在“刑律受赃条”，计有“官员受财”“坐赃致罪”“事后受财”“官吏听许财物”“家人求索”“风宪官吏犯赃”“因公擅科敛”“私受公侯财物”“克留盗赃”等十一条，惩处十分严厉。官吏受财又枉法者，一贯以下杖责七十，每五贯加一等，达到八十贯者处以绞刑；受财但不枉法者，一贯以下杖六十，每五贯加一等，达到一百二十贯者杖一百，流放三千里。并规定：“凡御史犯罪加三等，有赃从重论。”

对官吏执法不严，甚至放任不管而败坏经济

秩序的处罚法规也很严密。如官员与贩卖私盐者通同作弊的惩处就很严厉，“凡守御官司及盐运司、巡检司巡获私盐即发司归勘。各衙门不许擅问，若有司官吏通同脱放者，与犯人同罪，受财者计赃以枉法从重论”。①

对官吏惩私茶不力者的处罚，“军官、将官纵容弟男子侄、家人、军伴人等兴贩（私茶），及守备、把关、巡扑等官知情故纵者各降一级、原卫所带俸差操，失觉察者照常发落；若守备、把关、巡扑等官自行兴贩私茶通番者，发边卫；在西宁、甘肃、洮河、雅州贩卖至三百斤以上者发附近，各充军”。②

仓库粮米的定额损耗一般为百分之三，如超过此数，或虚报损耗，一律以盗窃罪论处。而各仓库如有富余钱粮，必须如实申报，“若监临主守将增出钱粮私下销补别项事故亏折之数，瞒官作弊者，并计赃以监守自盗论”。私借钱粮也要受到处罚，“凡监临主守将系官钱粮等物私自借用，或转借与人者，虽有文字，并计赃以监守自盗论”。③

明政府制定并实施一系列有关审计的法律法

---

① 《唐明律合编》卷十五下，《明律卷第八·户律五》。

②③ 《明会典》卷一六四《刑部六》。

规，这对明初和中期审计监督的顺利实施，起了很大的促进作用。但随着明朝封建统治集团日趋腐败，有关审计的法规也形同虚设，无法具体执行，而例行的审计事务也逐渐成为虚应故事，很难有什么实效。这也使明王朝更加腐朽，直至灭亡。

（四）明朝审计的特征、作用和局限性

明代审计是在封建专制政体极端强化的条件下存在和发展的，带有为君主高度集权服务的特色。这一时期，监察机构兼行监察、审计两种职能的制度发展到一个新的水平。

明初虽设置比部作为独立的审计机构，但存在时间很短。在以都察院和六科给事中为中心的审计体制下，中央有都察院、十三道监察御史、六科给事中并立且互相牵制，地方则有总督、巡抚、按察司、巡按御史等行使审计职权。这些机构和职官横向并立互不统属，对上各自直接对皇帝负责。这样一个组织严密又直接受皇帝控制的审计监督体制，既增强了审计的独立性和权威性，有利于审计监督职能的有效实施，又使封建君主直接统制管辖监察机构实施审计监督成为现实。这样，在君主专制极端强化的条件下，皇权至高无上，御史的弹劾、给事中的稽核等必须符

合皇帝的旨意，否则这种审计监督就很难实施，并取得实效。

明代审计还具有多层次交叉制约的特点。都察院、十三道监察御史和六科给事中虽同具审计职能，但它们在审计监督的具体实施上却既有侧重，又有交叉。都察院侧重于纠察全国官员，十三道监察御史审计稽核的重点在地方，而六科给事中则主要对口监督中央六部等机构。而从中央来看，虽有六科给事中稽核监督，但十三道监察御史也带管各自所分的内府监局、在京各衙门等中央机构。地方上则更形成了按察司，以及履行审计职能的巡按御史、巡抚和总督的三层审计网络。这种双管齐下甚或三管齐下的审计监督体制，使从中央到地方的财政财务管理机构都受到不同监察机构和官员的审核和监察，显现出明朝审计监督网络的严密，也表明明朝审计在一定意义上是大为加强了。

同时，明朝一改唐宋时御史台下辖三院制，而由都察院提督十三道监察御史，按省级行政区划分道，固定设置监察御史。这就使地方监察区域与行政区划重叠，把审计监察落实到行政区域，从空间上保证了财审监督的范围。而同样兼职审计的户部十三清吏司，也基本上按照十三道布政使司设立。每一布政使司（俗称为省）设一清吏司，具体实施该地区的审计监督事务。这种以行政区域为财审监督机构设置依据的做法，是明朝所创。它不仅为清朝所沿袭，也是现代国家财审机构设置区域化的先声和准备。

明朝审计对这一时期社会政治经济的发展起到了一定的积极作用。明朝建立之初，连年战乱使经济遭到严重破坏，民众生活困苦不堪，社会矛盾尖锐。明太祖朱元璋及其他明初封建君主为缓和社会矛盾，巩固王朝统治，就强化审计监督，惩治腐败，以富国安民。通过对财政财务的稽核，揭露和惩处了一批贪官污吏，对社会经济的恢复和发展十分有利。这其中以洪武十八年（1385 年）的“郭桓案”震动最大。

郭时任户部侍郎，勾结北平布政司、按察司官员李彧、赵全德等官员，大肆侵吞秋粮。浙江上纳秋粮 450 万石，就被他们一伙贪占了 190 余万石。此事被揭发后，朱元璋下令进行调查。经过详尽的稽查和审核，郭桓一伙除贪污秋粮外，还侵占了许多金银和宝钞，折合成米达 2200 余万石，如再加上秋粮，总数为 2400 余万石。朱元璋认为如此巨大的贪污使人难以相信，对外只称郭桓等贪污秋粮 700 万石。在处理此案时，牵连人员过多，“自六部左、右侍郎以下皆处死”，“核赃所寄遍天下，民中人之家大抵皆破”。[1] 但这种严厉惩治经济犯罪，还是对规范经济秩序，稳定社会起到了不小的作用，史称“一时守令畏法，洁己爱民，以当上指，吏治澄清者百余年”。[2]

不过，明代审计监督的历史作用不宜估计过高。首先，明朝审计监督体制自身就存在诸多弊端。作为审计监督机构之一的巡按御史权力过大；多层次交叉制约的审计机制虽强化了财政财务审查，但同时也造成机构重叠、职权混淆的弊端。且科道双方极易形成互相对峙、党同伐异的局面；尤其是没有一个专业的、独立的国家财政审计机构，无法适应社会经济发展的需要。其次，明代中叶以后，审计监督机制逐渐败坏，审计职能很难实施。明代审计监督能否发挥实效很大程度上取决于封建君主。明初由于封建君主大都勤于政事，重视并大力实施审计监督，这就促使审计切实推行，并取得实效。但明中叶以后，随着皇帝昏庸、怠政，审计体制的弊端暴露无遗，各种审计活动也成虚应故事。万历时，明神宗刚愎自用，对审计监督极不重视。监察御史应设 110 人，只剩 5 人；六科给事中原额 50 余人，

① 《明史》卷九十四，《刑法志》。

② 《明史》卷二八一，《循吏传》。

只有4人。朝臣屡次请求补充科道官员，神宗一概不理。这种情况势必影响财政财务审计事务的正常进行。

在朝政败坏的情况下，例行的审计活动也逐渐虚应故事，很难有实际效果。如户科注销，“簿大半遗漏不全，所销号件不具文牒，但凭吏役口报为故事。且吏役皆雇觅代身，问其缘由，茫然不知也”①。同时，在吏治败坏愈演愈烈的社会背景下，负有审计职能的御史、给事中自身亦贪污腐败、徇私枉法。嘉靖末年，陈志先巡按江西，收贿“不下数万”。万历间江西巡按祝大舟丁忧，“临行票取多赃”，地方官还把罪犯的罚金和赎金送于其家②。崇祯时，史范“巡按淮、扬，括库中赃罚银十余万入己囊。摄巡盐，又掩取前官张锡命贮库银20余万”③。在这种大气候下，即使少数正直科道官员也难以不理请托，依法审计，“御史巡方，未离国门，而密属之姓名，已盈私牍。甫临所部，而请事之竿牍，又满行台。以豸冠持斧之威，束手俯眉，听人颐

① 《春明梦余录》卷二十五。
② 沈德符：《万历野获编·补遗》卷三。
③ 《明史》卷二五三，《薛国观传》。

指”[1]。显然，作为整个明朝官僚系统一个分支的审计监督队伍必然随着整个朝政的腐败而败坏；而审计监督的名存实亡，亦使明王朝更加腐朽，直至灭亡。

（五）明朝皇室的财务审计

明朝中央财政管理机构除外廷的户部和工部等机构外，还有内府宦官诸衙门。在宦官二十四衙门中被主要赋予财政管理职责的有司礼监、御马监、内官监和内府供用库等。

司礼监主要负责黄册的管理，南京后湖黄册库房是由“司礼监、户部收掌锁钥，并不许一应诸人往来”[2]。司礼监的外差则为提督大坎等处马房和苏、杭二府的织造。御马监掌管牧马草场和皇庄，并兼管象房，外出采买、采办也多由其承担，各督仓中官、市舶太监同样为该监官出任。内官监则掌管营造皇室陵墓，下有木、石、土、塔材、东行、西行、油漆、婚礼、火药十作及米盐、营造、皇坛等库。外差则有真定府抽印木植等。此外，内府供用库掌宫内二十四衙门等处内官食米及御用蜡、香等物；司钥库，掌收贮

---

① 《明史》卷七六六《丘檘传》。
② 《明会典》卷四十二《南京户部》。

制钱；内承运库，掌大内库藏，金银珠宝等总隶之；还有内府十库。

司礼监、御马监等内府衙门主要掌管国家钱粮的储藏及皇室的用度。按明朝制度，国家经费与皇室经费是分开的，太仓银库主要承担边备饷银的支付，而皇室经费则主要由内承运库支付。虽然皇室费用每年也有定规，一些如明太祖、明孝宗等君主时有节俭之举，但随意性较大。尤其是步入中期以后，多数皇帝生活腐化奢侈，内承运库银两不敷时，就命宦官提取太仓银两。这就增加了国家财政负担，也加大了皇室财政审计的难度。

宣德元年（1426 年）八月，明宣宗下令磨勘内府钱粮，谕旨称："中外文武诸司文卷，已遣御史照刷。其内府诸衙门皆有钱粮出纳，近闻其弊甚多，即遣能干御史率监生于东华门外庑下取各监局文卷簿籍，详加磨勘。有隐匿钱粮虚冒支给者，悉以闻。"① 这表明从宣德初年始，明政府加强了对内府财政机构的审计，以遏制愈益发展的贪残之风。宣德七年（1432 年）又差"户部主事一员同拣钞御史、给事中巡视甲字等库。凡各处解到布、绢、丝、绵，即督官攒人

① 《天府广记》卷二十三。

等，照洪武年间所定长阔丈尺收受。若有兜揽作弊者，具奏拿问”。[①] 尽管明政府加强了对内府财管的审计，但随着明朝吏治腐败的加剧，内府管财政的宦官亦多方侵吞皇室经费，这促使明政府进一步加大审计稽核的力度。嘉靖八年（1529年）令：“每年差给事中、御史各一员于内府内承运等库，并各监局巡视监收，禁革奸弊。先将各系衙门见在各项钱粮，会同该管人员逐一查盘明白，作为旧管。每年终，通将旧管、收除实在数目磨算无差，造册奏缴。”[②] 对内府内承运库经管的钱粮每年都要逐项审计，并造册上报，监管稽核的制度更加规范。

同时，对皇室经费重要来源——皇庄的监管也在加强。皇庄早在永乐年间就在北京附近出现。明成祖朱棣为燕王时，在北京宛平的黄垡、东庄营等地拥有王庄。燕王登基后，就将此处王庄改称皇庄。不过皇庄正式出现则在天顺八年（1464 年）。时宪宗已即位，遂将没入的曹吉祥庄田 75 顷为宫中庄田，“皇庄之名由此始”。[③] 弘治二年（1489 年），京畿地区有皇庄 5 处，占地 1280 余顷。进入正德时期，皇庄发展进入快

---

①② 《明会典》卷三十《户部·十七》。

③ 《明史》卷七十七《食货志·一》。

车道。正德九年（1514 年），皇庄为 36 处，占地 37500 余顷。[①] 这几乎是当时顺天等八府官民田总数的七分之一。所谓皇庄当然不仅包括皇帝本人占有的庄田，而且也包括皇太后庄田即所谓宫庄，和皇太子庄田即东宫庄田。皇庄土地的来源主要是通过侵占民田和兼并牧马草场地、夺还勋戚庄田、“奸民”投献等方式获得的。其经营由宦官负责，收入直接归宫中使用。

然而皇庄的大肆扩大，意味着向封建国家缴纳赋税的农民土地的减少，以及封建国家财政收入的减少。出于维护封建王朝利益，保证封建国家财政收入主要来源——田赋征收的稳定，自嘉靖时期开始对皇庄予以清查，限制其过度发展。采用的方法是由御史和给事中进行专项的稽查和审计。正德十六年（1521 年）十月，明世宗派遣御史樊继祖和给事中夏言等清查北京顺天等八府的皇庄田土。在一年多的时间里，夏言和樊继祖对京畿地区每处皇庄拥有土地的数量及其来源等都进行了详细勘查，同时对皇庄管理者——宦官盘剥、侵欺庄田租赋收入亦稽核清楚。在此基础上夏言等人将审计结果写成《勘报皇庄疏》，向世宗皇帝做了全面的汇报。根据审计报告，明

① 《明经世文编》卷七十八。

世宗下令将清查出来的为数达两万余顷的侵占土地，退还给原田主。并决定从此去掉“皇庄”之名，改为官地，交民佃种，由官方征解赋税，再分派各宫使用，“各宫庄田子粒银两仍办纳解部，年终类进应用。顷亩数目止照新册改为官地，不必称皇庄名目。”① 这次对皇庄的稽查，退还了所侵占的土地，抑制了土地兼并的步伐，增加了国家田赋收入；同时，皇庄改称官地，也使其存在失去了合法性，这对抑制天顺以来皇庄的恶性发展也是十分有利的。

明朝皇室财务审计的实施，对于抑制皇室经费的过度膨胀，稳定封建国家的财政收支，减轻民众的负担，确实产生了一定的效用。

（六）明朝都察院的审计职能

明朝的财政审计监督主要由监察官员来承担，而都察院及其十三道监察御史则是其中重要的一环。

明初设有御史台。洪武十三年（1380 年）罢御史台，十五年（1382 年）改设置都察院。其正官为都御史、副都御史和佥都御史，分别称为总宪、副宪和佥院。他们是主管官员，其审计

---

① 《明世宗实录》卷二十三。

职能体现在三个方面：第一，纠劾百司。只要犯有违犯财经政策，贪赃枉法的官员就要举劾。第二，考核百官，即对官员经济政绩进行审核。第三，提督各道，即管理十三道监察御史。

明朝都御史与六部尚书并列，称七卿，地位很高，不仅有对官员进行审计监督的权力，而且在查处经济违法案件中也拥有较大的权力。一般情况下，有关官员的行政处罚，会同吏部议决；重大案件，则会同刑部、大理寺（称三法司）议决。这对实施审计监督作用不小。

在都察院中，具体进行审计监督的是十三道监察御史。按照明朝制度，十三道监察御史共110人。浙江、江西、河南、山东各10人；福建、广东、广西、四川、贵州各7人；陕西、湖广、山西各8人；云南11人。监察御史对中央各衙门实施全面、有效的审计监督。首先，是和都御史一样，“主察纠内外百司之官邪”，即监督、察举文武百官的经济违法行为。如发现不法行为，御史既可在朝廷上“露章面奏”，也可“退上封事，以详析其可否”。

其次是进行两京刷卷，即清查核实两京（北京、南京）直隶衙门的公务文书。一般是每两年或一年举行一次。具体做法为“逐宗照刷”，即对该衙门的文书一件件地审查。批语分六档：一为“照过”，即某项公务确已完结，且无违法乱纪；二为“通照”，即某项公务仍在处理，且无违纪行为；三为“稽迟”，即某项公务应完成而未完成；四为“失错”，即某项公务虽已完成，但有失误；五为“违错”，即主管官该办而未办；六为“埋没”，即该办的事不办，有所规避，如钱粮不追、人赃不照等。刷卷结束后，御史对各衙门作出结论，责令改正，否则按其情节定罪。

再次是巡视光禄寺、仓房、内库；验收光禄寺的牲口、果品、厨料等，并监收白银。审查国有仓库（包括外廷和内府）钱粮出纳账籍，检查有无侵吞、挪用、盗窃、亏空和霉变残次等问题。

除此以外还参与官吏经济政绩的审查。在考满中由都察院及福建道御史考核，“各出考语牒送吏部该司侯考”。

十三道监察御史作为中央派往地方进行审计监督，分专差和按差两类。所谓专差即为专项审计监督，包括巡盐御史（盐道御史）、巡茶御史、巡漕御史（漕运御史）、巡关御史、巡屯御史（屯田御史）和巡仓御史等。上述专差御史对盐政、茶政、马政、漕运、关税、屯田、仓库等重要经济部门进行专职审计监督。如巡盐御史，两淮、两浙、长芦、河东各设一人，总理盐课、盐法，严禁私人贩运、销售。而巡漕御史则对漕运水次交兑，寄囤、除豁漂流粮米、完粮期限、监追挂欠等进行审察稽核。屯田御史负责清查京畿及沿边地区屯田事宜。

至于按差，即巡按御史，代天子巡狩，赴地方进行审计监督。明政府遣御史巡按天下，始于洪武十年（1377 年）二月。是时“遣御史吉昌十三人分巡天下，抚安军民”。正统四年（1439 年）遂成定制，由都察院提出差遣事项和官员，呈皇帝定夺。出巡时间或三年、一年和三个月不等。巡按御史一般任期一年，不在一地长住久任。

巡按御史对地方审计监督的首要任务是考察纠劾文武官员，“凡在外有司，扰害良善，贪赃坏法，致令田里荒芜，民人受害，体访得实，具奏提问”。皇帝赋予巡按御史权力很大，凡官员有经济违法问题，五品以上指明实迹参劾，由皇帝裁决；六品以下贪酷昭著者就便拿问。正统时御史韩雍“巡按江西，黜贪墨吏五十七人”。天顺时御史李纲“历按南畿、浙江，劾去浙江赃吏至四百余人，时目为‘铁御史’”。

巡按御史还巡视地方仓库，查算钱粮，禁约奸弊。盘查粮仓，“禁约过仓粮奸弊若干起。凡各府州县仓廒处所曾经拿获包揽侵盗之徒，具实开报”。稽核赋役征收，防止苛滥。嘉靖十三年（1534 年）规定：“禁约过科害里甲若干起。凡所属州县等衙门官员，不体小民贫苦，专务奢侈行事，浪费民财，不知节省，甚至科派侵用，除拿问外，仍指实开报。”

提刑按察使司是与布政使司、都指挥使司并列的省级三司之一，为地方固定的监督机构。设按察使一人，正三品；副使，正四品，无定员；佥事，正五品，无定员。

按察使的审计职能为“总理各道，肃清郡县”，“凡贪官污吏蠹政害民，及一切兴利除害之事，有益地方者，务在举行”。所谓“总理各道”，即为统领一省的分巡道及诸如清军道、水利道、屯田道等专业性质的道，审察省内府州县衙门的财政财务，纠劾地方官员的经济违法行为。分巡道前身是按察分司，洪武二十九年（1396 年）改为分巡道。其官员巡历地方有一定的时间规定，“每年春二月中出巡，七月中回司；九月中出巡，十二月中回司。务要遍历所置”。

同时，按察司会同巡按御史对地方官员随时进行考察，揭发其贪赃枉法行为，“今在外有司，从巡按御史及按察司官考察，贪婪不律者即纠举之，最为良法”。

随着巡按御史职权的日益加重，按察司对地方审计监督的职能日益缩小，只起配合与协助巡按御史的作用。正德、嘉靖时，“巡按秉权太重，行事太过。……藩臬守令皆不得专其职，而事皆禀命于巡按矣”。

（七）颇具特色的六科给事中审计

在明代审计体制中，六科给事中是重要一环，而户科和工科兼职审计职能最为明显。这是中国古代审计发展中的一个创新。

给事中创始于秦代，《文献通考·职官四》中说“秦置汉因之”。这种官职有供职内廷的特点，因“以有事殿中，故曰给事中”。秦汉以后，历代大多沿置，其职权为参政、议政和谏议封驳。

明朝建立后，将给事中制度推进到一个新阶段。明初，朱元璋为强化君主集权，废除了中书省和丞相，分相权于六部。出于监督六部的目的，设吏、户、礼、兵、刑、工六科。各都给事中 1 人，正七品，左、右给事中各 1 人，从七品。给事中，吏科 4 人，户科 8 人，礼科 6 人，兵科 10 人，刑科 8 人，工科 4 人，并从七品。各科官员数后有增减。

明朝给事中制度的发展体现在两个方面。首

先，组织系统完善，权威性强。明朝给事中不隶属于任何机构，独立地直接向皇帝个人负责。这就使其成为独立、精干的监控机构。其次，职掌扩大，权力加重。明朝给事中不仅拥有前代参政议政、谏议封驳之职，还增加了监察弹劾权。文武百官无一不受其监督，这为承担审计职能提供了条件。

明朝六科给事中的职掌在《明史·职官志三》中记载的很明确，即“掌侍从、规谏、补阙、拾遗、稽察六部百司之事。凡制敕宣行，大事复奏，小事署而颁之；有失，封还执奏。凡内外所上章疏下，分类抄出，参署付部，驳正其违误”。其中体现审计职能的主要是在监察中央六部等官署及考察官员等方面。

首先在对中央六部等官署的审计监督中，户科审计户部等衙门的财政财务事务，涉及赋税征收、漕运钱粮、盐课以及仓库收支状况等。

钱粮征收的审计。凡有司征收钱粮数目及各该仓库实收数目，均须奏缴勘合，送户科注销。

漕运钱粮审计。凡漕运钱粮，户部各司要于每年年底将手本送交户科注销。

盐课审计。凡各盐运司、提举司合办盐课，年终开具课征实数，造册赴户部，并差官吏于户科注销。

仓库收支审计。凡甲子等十库该收钱钞等物，每季度户科与其他各科给事中轮流差遣官一员监收；凡每年户部将五府六部、都察院、国子监并京通、武成中等卫、长安等四门仓，一应见在所有粮食数目，磨算清楚，分别廒座，各另造册，奏闻并送户科收存，等各衙门放过粮食之后，照数注销。

除对户部进行审计监督外，户科给事中还对光禄寺等衙门进行财务盘查，“凡光禄寺该收钱粮，每季本科（指户科）差官一员监收”，“凡光禄寺，每月该进奉先殿，供养乾清等宫汤饭、制造御酒，及内阁两房、六科官员、司礼等监局人匠饭食等项用过粳米、糯米、白米数目每月开数送科（指户科）注销”。

工科给事中兼职审计则主要体现在对工部等衙门建筑费用的评估和查核，以及钱粮税收收支情况的审核和奏销。

建筑工程费用审计。凡工部各项用料，每年上下半年，工科差官一员，同巡视科道四司掌印官，会估时价一次，并造册奏报。凡京通二仓，每年工部修理仓廒。工程竣工后，开具手本送达工科，本科官一员查验有无冒破，年终造册奏缴。

查考两京工部的抽分。凡卢沟桥、通州广

积、通积抽分竹木局，每月初一日将前月抽分数目开具手本，由大使等官赴工科投报，以备稽查；南京龙江、瓦屑坝二处抽分竹木等物，每季度将收放过数目造册，遣人上缴工科，稽核查考。这里所说“抽分”，即明代税收之一。贩卖竹、木、柴、草、石炭、石灰、砖瓦等货的商人所纳实物税。而竹木抽分局，即为明代征收上述物品商税的机构。

钱粮收支的审计。凡各衙门于午门、西安门进出一应钱粮，由工科编成字号勘合，盖上户部印章，发各门吏收掌，“将勘合比对，珠墨相同，仍以略节填写底簿，俟完，俱送本科（指工科）销缴”。

监督货币铸造及工部库仓收支。凡宝源局铸钱，由工科会同各科轮流差遣官员，按季稽考工料并钱数。凡京、通二仓修理情况、戊字库收受各厂所造军器等，均由工科监临，并与东城御史一起巡视节慎库钱粮。

除户科和工科外，其他科给事中也参与对中央官署的审计监督。如兵科给事中担当马政等事务的监察，“凡各边巡抚官并南北直隶奏差御史印烙过马驹，及南北太仆寺、苑马寺、各都司等衙门，印表过马、牛等数，及天下给过驿马数，南京道过马快等船，并差过起数，各造册，送本科（指兵科）收照”。

六科给事中在官员考满、考察过程中，还由吏科、户科给事中审核其经济政绩，“凡天下诸司官吏，三年朝觐到京，奏缴须知文册到科（指吏科），查出钱粮等项数目差错者，经该官吏参奏究治”“凡甲字等库官遇考满等项，本科（指户科）官一员引奏，将收过钱粮等物，委官查盘”。

明代都察院十三道监察御史与六科给事中被合称为“科道官”。科道官在审计监督方面既有专责，也可联合监督或举劾；既对中央、地方各财政部门实行审计监察，也对内府衙门的财政事务实施监督，如宣德时对宦官的采买采办，嘉靖时对皇庄、草场的清理，万历时对矿监税使的纠劾等，都是由科道协同进行。

综上所述，六科给事中对六部等中央部门的审计确实是十分细密的，这对保证封建国家赋税征收和仓库保管等财政财务事务的正常运行，有十分重要的作用。

六、清代的审计

任 德 启

（一）清代京城通州仓庾审计活动

户部仓场衙门是管理京城、通州各仓积储漕粮及北运河运粮事务的机构。户部仓场衙门的长官为总督仓场侍郎，满汉各一人，驻通州。下辖坐粮厅、大通桥监督、各仓监督等官。据《清史稿·职官一》载：京城有禄米仓、储济仓等11仓，共956廒。通州有中、西两仓，共250廒。都察院的江南道、户科负责对京城、通州的仓庾进行审计监督。

江南道对京通各仓的审计

都察院的江南道负责审计京通各仓，按规定各仓监督应“将实放米数，每月造送江南道。各该处亦将实领米数造册并原稿，于下月初十日内，一并送该道察核，米数相符者，听江南道按月注销，年终汇奏。倘有舛错，照例查参”[①]。

① 光绪本《钦定台规·各道二》。

通过对收、付双方的审计，来检查经济活动的正确性，并且在年度终了时，汇总各仓的审计结果，向皇帝报告。

江南道还对仓粮发放各环节，是否按规定时限办理进行审计。“应领俸米兵饷，所造册籍于何日咨部，部内于何日札仓，各仓于何日开放，均报明都察院察核。倘有迟延，即行指参”①。领取俸米的部门何日将有关手续送达户部，户部何日向各仓下达发粮的通知，各仓接到通知后何日发粮，都察院的江南道都要逐一审计清楚。发现有不按规定期限办理的，立即向皇帝举报。

此外，江南道还对仓粮采购实施审计监督。康熙十年（1671 年）规定：采买草豆、米面等“户部会同江南道御史，公议定价”②。这项审计活动具有政府采购审计的性质，能够起到防患于未然的作用。

户科对京通各仓的审计

户科对京通各仓收、支、余情况进行年度审计。据光绪朝《钦定大清会典事例》卷一千十五《奏缴粮斛册》条目载：“顺治初年定，凡京通各仓监督，每岁收发米豆数目，造具旧管、新收、开除、实在四柱清册，呈送总督仓场侍郎具

---

①② 光绪本《钦定台规 · 各道二》。

题，以册送户科磨对。”此项规定是说，京通各仓每年将收支仓粮的数目，以清册上报给总督仓场侍郎，仓场侍郎据此填造黄册向皇帝报告仓粮收支总数，同时把各仓的清册送交户科审计。户科根据日常掌握的京通各仓的粮食收支资料，汇总后与各仓清册对照审计，检查有无差错。

查仓御史的派驻审计

委派御史（包括给事中）对京通各仓进行就地审计，始于顺治二年（1645 年）。起初只派一二名御史巡回审计京通各仓，且差差停停。至雍正五年（1727 年），加强了查仓御史的审计力量，雍正帝对查仓御史的重要性有明确认识，据《钦定台规·稽察一》载：“（雍正）五年奉上谕：仓场米石，乃国家第一要务，关系最为重大。试思此项米石，民间输纳何等辛苦，官员征解何等烦劳，且粮艘运送京师何等繁难，一颗一粒皆当爱惜……若不严行稽察，无以儆怠忽而清弊端。在京十仓……御史不论满汉，每仓各派一员，专任稽察之责。”到了乾隆年间，不仅京仓派驻查仓御史，通州二仓也派驻了查仓御史或给事中。“（乾隆）十七年奏准，京通各仓，每仓奏派御史或给事中一人，不论满汉，专司稽察。”[①] 至此，京通各仓全面实行每仓派驻一名御史或给事中进行审计监督。清代的查仓御史或给事中任期 1 年，届满回原科道，乾隆十二年实行过 3 年任期，但至乾隆十七年就改为任期一年了。每仓少则数 10 廒，多则 100 多廒，由此看来查仓御史的审计工作量不小。主要的审计事项包括：

1. 量器标准审计监督。斗斛是各仓收发粮食的量器，如果不对它进行审计监督，就难免会发生“大斗进、小斗出”的欺诈行为。同治本《户部则例 · 仓庚一》载：“各仓凡值收放所用斗斛，每晚随廒封储，次早验封给发……京仓由查仓御史查验。”通过审计以保证量器的准确性。

2. 收进仓粮的审计监督。粮食进仓必须接受查仓御史的审计监督，按规定：“运京米石，应先期知照查仓御史，稽核入仓。”[②] 道光五年（1825 年），由通州运到京城太平仓的 2669 石米，在未呈报查仓御史审计的情况下，擅自收贮入库。粮食入仓后才向稽察太平仓御史姚庆元报告，姚庆元将这一违规行为上奏道光帝，道光帝特发谕旨，命仓场侍郎派员，把违规入仓粮食，

---

① 光绪本《钦定台规 · 各道二》。

② 光绪本《钦定台规 · 稽察一》。

重新过数称量，“有无短绌，如查有情弊，即将该仓书吏、花户等送部究办”。并再次重申：凡运交京仓入库的粮食，必须“预报查仓御史，前往验收，以重仓储”①。

3. 发放仓粮的审计监督。这也是查仓御史的重要职责，正如《钦定台规·稽察一》中，嘉庆帝所说的：“查仓御史，于监放是其专责。”仓粮发放审计监督的目的，是为了防止发放粮食过程中的弄虚作假，“凡遇开仓之日……御史务须亲身到仓，严行稽察”。严防以次顶好、以好顶次、缺斤少两、多给斤两等违法行为的发生。

4. 仓粮保管质量审计。查仓御史或给事中还对因保管不善造成仓粮发霉变质等进行审计监督，道光三年（1823 年）九月，侍卫处到海运仓领取喂马料豆，因料豆发霉变质，侍卫处不愿意领取，稽察海运仓给事中朱为弼对变质料豆检查之后，向道光帝报告了情况。道光帝命查仓给事中朱为弼会同仓场侍郎，对海运仓每座仓廒都进行审计清查，结果查出不按规定批次顺序发放料豆，受潮变质料豆数量巨大，仓役舞弊，海运仓监督索贿等许多问题。道光帝追究了有关人员的行政、刑事责任。

① 光绪本《钦定台规·稽察一》。

此外，查仓御史还对各仓是否按规定时限发放仓粮进行审计监督。

（二）清代会考府的审计活动

会考府成立的缘起

康熙后期，财政管理存在许多弊端，概括起来大致有如下三方面的问题：

部费。地方各省将各项财政收支情况上报奏销时，户、工等部官吏公然索取贿赂，名曰“部费”。“若无部费，虽当用之项，册档分明，亦以本内数字互异，或因银数几两不符，来往驳诘，不准奏销；一有部费，即糜费钱粮百万，亦准奏销。”①

亏空严重。雍正元年清查户部银库时，发现康熙后期亏空库银达259万余两，当时户部银库一年所收银不过700余万两，可见亏空之巨。康熙后期亏空的严重，雍正在即位之前就已知道，他说：“历年户部库银亏空数百万两，朕在藩邸，知之甚悉。”②

审计监督不力。清政府虽设有专管查核、照刷钱粮卷宗的都察院，及分稽财赋、注销文卷的六科，但由于这一时期审计监督松懈，“向来各

---

① 中国第一历史档案馆藏：内阁杂册5689号。

② 《上谕内阁》二年十一月十三日。

部院动用钱粮，俱系各衙门自行奏销，往往无从稽考”①。

雍正帝为了消除财政支出上存在的种种弊端，巩固皇权，在雍正元年（1723 年）正月十四日，成立了专门负责审计全国财政支出的会考府。

会考府的审计职责

会考府长官向雍正陈述会考府职责时是这样说的：“钱粮除地方正项外，其军需各省动用之项，具题到日，臣等会同该部查核题复。至各部动用钱粮该部定稿奏销，先将一切档案移送臣等衙门查核，如支领开销数目相符，臣等列衔会题；若有冒销隐漏情弊，立即查参。”② 分析上述文字，可以看出会考府的审计职责是对财政经费列支报销之前进行审计监督。

会考府是与六部平级的机构，但又有点不同于六部。六部向皇帝报告情况时所用题本，需经内阁转呈，而会考府有事报告时，可以由会考府总理事务王大臣或奏事郎中直接上呈皇帝。这种特殊的地位，为会考府不受干扰地开展审计监督，提供了有利条件。

---

① 《清朝文献通考·国用考三》。

② 中国第一历史档案馆所藏：内阁杂册 5689 号。

会考府由怡亲王允祥、吏部尚书隆科多、大学士白潢、都察院左都御史朱轼总理事务，会同办理。会考府设有左司、右司两个机构，办事官员有郎中、员外郎、主事、笔帖式等官员 20 余人，还有一些书算吏人。

会考府的审计活动

1. 审计程序及审计结果的处理。会考府的审计程序是：所有需要审计的事项，由各衙门将有关资料报送到会考府，会考府再调取有关档案、对照规章并根据具体情况进行审计。对审计的事项，有以下三种处理方式：第一种处理方式，若通过审计查明没有问题，则准许奏请报销。如下面这件会考府拟定的审计结果报告："准工部移送康熙六十一年三月份用过银钱数目奏销一案前来，吊取营缮等四司档案逐款查对……俱各数目相符……应准其奏销，列衔会题可也。"① 第二种处理方式，若通过审计发现疑问，则将有关资料驳回原报送衙门，同时提出处理意见。如下面这件会考府拟定的审计结果报告："准工部咨送康熙六十一年十二月份，用过各项工料银钱奏销一案前来……内有法西里格格上坟盛酒花瓷罐八十五个，每个开销银五钱。查

① 中国第一历史档案馆所藏：会考府全宗一卷三号。

孝东陵岁暮上坟盛酒花瓷罐，每个只开销银三钱五分，同一瓷罐价值互异，应行核减……咨回工部核明，到日再查。”① 第三种处理方式，通过审计发现问题较为严重，提出处理意见，报请皇上定夺。

2. 审计的方法。笔者通过对会考府审计水利建设工程案例的分析，认为其审计方法是对比、对照法：第一，通过对比多项工程的费用发现问题；第二，通过对同一工程前后年度费用的对比发现问题；第三，通过对比工程质量标准发现问题。如雍正三年正月，会考府审计工部报来的砀山县定国寺挑挖引河工程结算资料，河头、河尾都称挑深一丈二尺，并未分有深浅。对照其他挑挖引河工程，河头、河尾挑挖深浅丈尺不同，并非一概深挑。因此，不能准予奏请报销。驳回工部，核实工程挑挖深浅丈尺后，再行报审。

3. 各种类审计事项。会考府的审计事项，按种类可以划分为：工部钱粮奏销审计、礼部钱粮奏销审计、太常寺钱粮奏销审计、光禄寺钱粮奏销审计、刑部钱粮奏销审计、户部钱粮奏销审计等。其中工部钱粮奏销事项的审计，是会考府

① 中国第一历史档案馆所藏：会考府全宗一卷十一号。

审计活动的主要组成部分，目前中国第一历史档案馆所藏会考府全宗档案共计113件，其中对工部审计事项多达49件。

会考府的撤销

雍正三年（1725年）九月，雍正皇帝突然下令裁撤会考府。谕称："（会考府）自雍正元年以来，迄今将及三载，办过各部院奏销钱粮事共五百五十件，内驳回应改者共九十六件。似此，则部院事件之不能无误，而会考府之有益于察核可知矣。但恐设立日久，多一衙门即多一事端，嗣后著将会考府停止。"①

分析会考府裁撤的原因，笔者认为有以下三点：第一，会考府未能实现对全国财政支出全面、彻底的审查。如户部办理的经济事项远远多于工部，而户部送会考府接受审计的事项却远远少于工部。这是由于总理会考府事务王大臣允祥同时负责总理户部事务造成的。第二，会考府作为一个独立的审计机关，但有一部分官员是兼职的。如翰林院侍读学士兼办会考府事吴隆、总理会考府事务王大臣允祥兼总理户部事务，这必然要影响审计事项的客观公正。第三，皇权的逐步稳定也是撤销会考府的原因之一。

---

① 《清朝文献通考·国用考三》。

总之，会考府是我国封建社会级别最高的专职审计机构，在我国审计史上应该占有一席之地。倘若不被裁撤，进而完善其内部管理体制，定会取得更大审计成果。

（三）清代各项工程的审计活动

清代的工部主管全国的土木、水利工程和机器制造工程（包括军器制造）。工部的长贰之官是尚书、侍郎。下属有营缮清吏司、虞衡清吏司、都水清吏司、屯田清吏司，分别管理各项工程的建设。

都察院陕西道的审计职责是："稽察工部、宝源局，核勘在京工程事务。"工科的审计职责是："分稽工程，注销工部文卷。"① 陕西道监察御史和工科给事中共同对工程建造实施审计监督。

中央工程审计

工程预算审计。这项审计，是对工程造价的复核审查。"（康熙）六十年题准，将一切修理工程，工价五十两以上、物料二百两以上者，著该处料估启奏到日，御史会同工科复加核估。"②

---

① 《清朝文献通考》卷八十二。

② 光绪本《钦定台规·各道二》。

该项审计由陕西道和工科共同开展，二者地位平等，没有从属关系，各自有相对的审计独立性，使审计官员之间互相制约，这种双重审计的方法，有利于审计结果的公允。开展工程建造双重审计的项目有：工程预算审计、工程竣工审计、外地工程审计等。

工程建造事中审计。这是陕西道监察御史对在建工程实施的审计监督，“（康熙）十八年议定，修建工程等处，多有迟延、浮冒、侵蚀情弊。除内务府监造工程外，其余修建之处，俱令都察院逐一稽察”。[①] 审计的内容涉及工程进度是否符合时间要求，有无虚支工价、料价款，有无贪污工程费用等问题。

工程竣工审计。这是陕西道和工科对工程完工后的审计验收。“康熙十年题准，紫禁城外修造工程，一百两以上者，令御史稽察。查工完日，将用过物料、钱粮数目开列，咨送该道御史查勘。若修造不如式，责令原修官另造；如有浮冒、不符等弊，会同工科题参。”[②] 该项审计侧重两个方面：一个方面是工程建造的质量符不符合规范，如不符合要求，责令承修官重新建造，工料损失由责任人员分赔；另一个方面是有无冒

①② 光绪本《钦定台规·各道二》。

支、侵贪工程经费的问题，如果存在此类问题，就要报请皇帝追究有关人员的行政或刑事责任。

地方工程审计

各省建造工程的费用开支，都要造册送陕西道审计。该项审计，首先审查工程的实际支出与批准的预算是否相等。其次审查工程物料的使用是否符合质量要求，物料价格是否超过标准。

在审查工程物料的使用是否符合质量要求时，依据的法规是工部会同内务府制定的《工程做法》，该规程成书于雍正九年（1731 年），乾隆、光绪朝做了修订。《工程做法》对各种工程的物料规格及工艺技术做了规定，属于工程技术行政管理方面的重要立法，是审计工程质量的衡量标准。审查物料价格是否超过标准，依据的是乾隆十三年（1748 年）颁布的《钦定物料价值则例》，该则例对各省府州县共计 1557 处出产的石料、砖瓦、灰石、土方、杂料价值及运送价格等，逐一审实核定，是审计工程物料价格的法定依据。《工程做法》《钦定物料价值则例》不仅适用于地方各项工程审计，同样也适用于中央各项工程审计。

道光年间，陕西道的地方工程审计开展不力，究其原因系各省不能按规定要求报送审计材料造成的，“各省送到工程册结，并委解物料等项文批，参差不齐，遗漏甚多”①，严重地影响了地方工程审计的正常开展。为此，道光皇帝特发谕旨：“嗣后著各直省督抚、盐关、织造，凡事关工程，支销钱粮及解交工部银两、物料等项，均著遵照向例，备具册结，签填批文，一体送陕西道投递，随时稽查，以重帑项，而防浮冒。”②最高统治者下发指示，以期加强地方工程审计的约束力。

治河工程审计

顺治、康熙以来，黄河屡次泛滥，淮河、运河梗塞不通。康熙帝大力治河，对清初安定人民生活、恢复和发展农业生产起到积极作用。此后，清代历朝都有治河工程，花费了大量财力物力。掌治河事务的长官称河道总督，下属有管河道、管河同知等。“康熙四年议准，凡河工钱粮，每年限八月内奏销，届期备造清册，送工科察核，并送河道图式备考。”③ 治河工程审计，要对人工、土方、石料、苇把等的费用支出是否合规进行核查，还要结合河道图式，对工程的效用及真实性进行审计。

自乾隆以后，治河工程审计没能发挥其应有

---

①② 光绪本《钦定台规·各道二》。

③ 光绪本《钦定台规·六科二》。

的监督制约作用，这从贪官污吏猖狂地侵吞河工资金中能够找到答案。乾隆帝曾说："直隶永定河每夏秋间时有冲决，修筑堤岸，夫役、物料不能不取办于民间。胥吏朋比作奸，其人工、物料价值肆意中饱，毫无忌惮。"[①] 此后的情况更是每况愈下，咸丰三年，户部侍郎王庆云指出："河工之浮冒，人人知之而不能力行撙节。"[②] 生活于同治、光绪年间的欧阳昱，描述当时的情况说："自来国家发河工银，河督去十之二，河道河厅师爷、书办、胥役，以次亦各去十之二。银百两，经层层侵剥，仅有二十余两为买料给工费。"[③] 倘若清代后期治河工程审计能够认真开展取得实效，侵吞河工银的腐败行为何致如此嚣张。

（四）清代审计法典《钦定台规》

清代以前，各代已颁行了许多开展审计监督的法规，但是比较全面系统的审计法规产生在清代，这就是《钦定台规》。明清之前历代多以御史台为监察、审计机关，明清改称为都察院，清

---

① 光绪本《钦定工部则例·河工一》。

② 《清朝续文献通考》卷一百十五。

③ 清·欧阳昱《见闻琐录》。

代仍借用御史台旧名（简称“台”），将规范都察院职责事务的法规文件，称为《钦定台规》。《钦定台规》是清代制定的专门的审计、监察法典，它的制定使中国封建社会时期的审计法规制度建设迈向了一个新的高度。

《钦定台规》一共有四个版本，乾隆本《钦定台规》为其草创，以后嘉庆、道光、光绪各朝均有续修本问世，其中光绪本《钦定台规》，刊载了自太宗天聪至德宗光绪历朝有关审计的“圣训、上谕，及议准各条，分类编辑，厘为四十二卷”①，为清代最完备的《钦定台规》。

《钦定台规》所见审计体制的特点

为了严密地对从中央到地方的各级官府的财经活动进行审计监督，清王朝建立了遍及全国的审计监督体制。据《钦定台规》所载，这一审计监督体制呈现如下特点：

第一个特点是中央与地方并举。清代审计机构的总汇为都察院，都察院的官员分为两部分：左都御史、左副都御史主持都察院的审计公务，都率下属六科给事中、各道监察御史行使对中央各部院及各地方的审计监督权，是中央审计机构的实体。此外，都察院右都御史为总督兼衔，右

---

① 光绪本《钦定台规·奏疏》。

副都御史为巡抚、河道总督、漕运总督兼衔。也就是说，地方督抚大吏均是中央审计系统的一部分，承担着对辖区内各级地方官府的审计监督职责。这样，从审计体制上，形成上下相维，中央与地方交互为用的网状结构，使各级官府均置于它的审计监督之下。

清代审计体制的另一个特点是科道双重审计。清初，六科自为一署，雍正帝将科道合并，加强了审计队伍，把分属于两个机构的审计职责，统一划归于都察院执掌。更为重要的是，清代最高统治者遇有审计事项，往往科道并用，如京城各官署领取户部三库的钱物，既要报都察院的江南道审计，又要报都察院的户科审计，实行双重审计。审计后，分由科、道各自向皇帝提出审计意见，使之互为补充，同时也互相监督，防止审计公务中的营私舞弊。《钦定台规》中的这类上谕以及规定为数不少，其用意在于使审计结论客观、公正。

《钦定台规》所见审计制度

现存的嘉庆、道光、光绪本《钦定台规》，其内容都分为“训典”“宪纲”“六科”“各道”“五城”“稽察”“巡察”和“通例”八类。每类按法规文件产生的时间顺序排列，间有若干文献附于各类之后，比较系统地反映了清代审计制度。其中尤以“六科”“各道”“稽察”“巡察”所规定的审计制度最详尽。

《钦定台规》规定的科、道审计事项，相当大一部分是审计各省每年的钱粮账目，审计在京各部院衙门的开支，特别是户部衙门的收支账目。如顺治初年规定：“凡在京各衙门支领户部钱物，各衙门每月造册，送户科察核，如有浮冒舛错者，指参。”① 又如：“凡直省解户部钱粮完欠及田赋杂税、兵马钱粮各项奏销册，有朦混舛错者，由户科指参。”②其他如审计捐项收支、漕粮、盐课、关税收入等，不胜枚举。可以说，凡是报清王朝中央机构收支的账目，均需科道审计，以防弊端。

开展就地审计、巡回审计是清代审计制度的重要内容。据《钦定台规》记载，清代除对在京部院及各地形成系统的审计监督网络外，对重要的经管钱粮、物资的部门，如京通十六仓、户部三库、内务府等，均派科道官员进行专项就地审计。对地方上的特殊经济系统——漕粮和盐政，则派监察御史进行巡回审计。漕粮是所谓“天庾正供”，盐政关系到税收，均是经济、财政上的命脉，且自成体系。为防止弊端，清朝廷

---

①② 光绪本《钦定台规·会谳》。

派都察院官员巡回审计，以保证京师的粮食供应和国家盐税收入。《钦定台规》中的专项就地审计和巡回审计，加强了审计机构职能的发挥，对全国各财经系统进行周密严格的审计监督的意图是十分明显的。

《钦定台规》中对审计官员的规定

1. 回避本籍和亲族。在给事中、监察御史的选拔上，明确规定："京官三品以上及总督、巡抚子弟俱不准考选"科道官①。不准高官的子弟参加审计官员的选拔，目的是防止"走后门"，让高品质的人执掌审计监督权。又规定：遇有关涉原籍的审计公务，监察御史必须回避。

2. 审计官员不准兼职。乾隆三十三年（1768年）明确规定：各部官员被选拔为监察御史后，不得再兼任原先所在衙门的职务。乾隆帝还指出了御史兼职的弊害：御史"兼户部者，必不肯纠举户部之事，其他可以类推，久之恐滋流弊"②。这条规定，保证了审计公务的独立性，以免受其他行政机构的干扰。

3. 知无不言，言无不实。早在顺治十一年的一次上谕中就对科道官员明确提出了"知无不

---

①② 光绪本《钦定台规·通例一》。

言，言无不实”[①] 的 8 个字要求。这就要求科道官员在审计公务中，对发现的问题要直言无隐，而且要必须有根有据。其后历朝皇帝，多有类似要求。

4. 杜绝人情请托。规定：监察御史奉皇帝命令外出办理审计、监察事件，接到命令后，“门上即大书回避，不见客，不收书，宴会饯送，俱不许赴”。起程后，沿途不准随意停留，办案过程中“私书私馈，一概不许接受”[②]。这条是监察御史实施巡回审计的公务纪律。

（五）清代户部三库审计活动

清代户部下辖三库，即银库、缎匹库、颜料库。中央财政的资金和各种物资多储于此。户部三库由管理三库大臣总负责，各库都有一套管理人员。

江南道对户部三库的审计

都察院的江南道负有“磨勘三库奏销”[③] 之责。江南道对户部三库的审计监督，采用的是每月进行一次定期审计。其审计方法是：将户部三库每月发放过的银钱、颜料、缎匹的数目，与各

---

①② 光绪本《钦定台规·训典二》。

③ 《清史稿·职官二》。

衙门所领数目核对，这样就要求户部三库和本月领过钱物的衙门，按规定时间，将相关资料报送江南道接受审计监督。当时的制度规定："三库月支银两、颜料、缎匹，每月月底缮折具奏。奏后，将原折咨送都察院，转交江南道查核。其承办札发各司，各将一月内札发过银、缎、物料细数造册，连稿于下月初十日内移送江南道，听候磨对。"① 另外要求："各部院将所领三库银、缎、颜料等项，务于下月初十日以内，造具细数总册，并原稿送江南道，逐一察核，岁终汇题。倘各该处有不按月咨送及遗漏迟延等弊，该道即据实参奏。其各处所送支领清册，务按月详对，呈堂存案，该堂官等留心稽察。"②

江南道的审计官员收到上述账册、凭证后，第一步将三库上报给皇帝的月支钱物账册，与户部各司每月批准发放钱物的凭证，逐一核对，是否相符；第二步用三库月支钱物账册，与各部院领取到钱物的明细账及其凭证，逐一核对，是否相符。通过审计，"其数目相符者，该道按月注册，于岁终汇题本内声明；如有不符，即行参奏，交部察究。倘有重支、冒领等弊，该道不行

① 同治本《户部则例·库藏三》。

② 光绪本《钦定台规·各道二》。

核参，别经发觉，将该道并该堂官，交部察议”[1]。对于合规合法的钱物收支，江南道要按月逐一登记，并于年底汇总向皇帝报告清楚。如果发现钱物收支中有违规违法问题，立即向皇帝举发，追究有关人员的责任。由于江南道监察御史审计时粗心大意等原因，对三库中存在的多支、冒领问题未能查处，日后被另外察觉的，要追究江南道监察御史及其上级都察院左都御史的责任。这就不仅要求江南道监察御史审计三库月支钱物时要认真负责，而且要求左都御史也得对审计结论用心复查。

此外，江南道还对颜料、缎匹两库采买物资进行事前审计。康熙十年（1671 年）规定：采购“颜料、绸缎、布匹等项，户部会同江南道御史，公议定价”[2]。这项审计，类似于现在的政府采购审计，可以有效地控制采购物资的价格，防止由于舞弊行为造成的质次价高。

户科对户部三库的审计

户科的职责是“分稽财赋，注销户部文卷”[3]。这里面包含了对户部下属三库的审计监督。又据光绪本《钦定台规·六科二》载：“顺

①② 光绪本《钦定台规·各道二》。

③ 《清史稿·职官二》。

治初年定，凡在京部院各衙门，支领户部钱物，各衙门每月造册，送户科察核。如有浮冒、舛错，指参。”各衙门领取的是户部三库的钱物，该项审计也是以三库支付的数额作为审核的依据，因此户部三库在户科的审计范围之内。

查库御史对户部三库的审计

查库御史的设置始于嘉庆二十年（1815年）。据光绪本《钦定台规·稽察二》载：“（嘉庆）二十年，户部议准，三库为钱粮、物料出入重地，其支发细数，向例移送江南道御史察核，令该道御史逐日轮流到库，与管库司员，眼同收发，恐日久不无瞻徇，转于察核之道有碍，应照巡仓等差，每库各派御史一员，监收监放。由都察院带领引见，派往一年，期满更换。”查库御史上任之前，由左都御史带领着面见皇帝，以示对查库御史的重视。转年加派了审计官员，“（嘉庆）二十一年谕，稽察三库科道，每库派满汉各一员，嗣后照此办理”①。

查库御史到库后的第一项审计活动，就是对衡器的查验。银库之秤，使用日久，称量“轻重不能悉准，嗣后每年稽察科道，更换到任之时，

① 《清史稿·职官二》。

眼同查验较对”。[①] 如果误差小，进行校正；如果误差大，就更换新秤，这对于保证银库收发银两的准确性是十分必要的。

对库银收支的审计，是查库御史的重要责任。正如查库御史骆秉章所说：“查库之要，总在一收一放，须用矮椅坐对天秤，查真砝码，不准库丁弄手法。”[②] 银库的银两来源于各地上交的田赋、关税、盐税等。各地在解送银两时，“将款项数目及领解职名、起解日期、程限，具文飞咨都察院衙门，由都察院堂官札知稽察银库科道，设档登记，弹收后注销。并著于年终汇造批解总册，咨交都察院查核。至在京各衙门零款，及各省搭解畸零款项，著一体遵照办理，以杜弊混，而重库务”[③]。这项规定的目的，是为了保证上交银两足额入库，银两解送尚在途中，查库御史就已知道了解送银两的数量及到库日期。解库银两到库后，通过审验，看是否与提前报告的数量相符，以防舞弊。

清代的户部银库，“自乾隆时和珅当国后，即未清理”。“嘉庆间，虽经盘查，然皆受库吏

---

① 光绪本《钦定大清会典事例》卷一〇一八。
② 光绪本《骆文忠公自订年谱》。
③ 光绪本《钦定台规·稽察二》。

贿嘱，模糊复奏，未能彻底澄清。自是逢皇上命御史查库，必进规银三千两，仆从门包三百两，日积月久，习以为常。”① 据此可知，自乾隆晚期至道光年间，前后六十余年，未能对户部银库进行彻底、公正的审计清查。特别是嘉庆以后，每逢御史审计户部银库，管理银库的官员便向监察御史及其随行人员行贿。

自嘉庆二十年设立专职查库御史，该项审计活动存在了近 30 年，总体来看审计效果不好，但其间也不乏二三秉公审计之查库御史。

（六）清代照刷文卷中的审计活动

照刷文卷就是审查文案账册有无涂改文字、漏使印信、不签姓名、文义差错等违规违法问题。照刷文卷的重点在于审计钱粮收支是否符合实际，核实已断词讼有无偏屈，检查行政公文有无差错。乾隆年间修改照刷文卷制度，规定只对各衙门有关钱粮的文卷进行照刷，使之成为完全的审计活动。照刷文卷公务，先后由都察院的京畿道、河南道执掌。

京畿道照刷文卷中的审计活动

清代的照刷文卷始于顺治年间，“顺治九年

---

① ［清］欧阳昱《见闻琐录》。

题准，设京畿道专管照刷在京大小衙门文卷，除军机大事外，其余事件，一年一次稽察。十一年题准，照刷文卷，内有讼狱淹滞、刑名违错、钱粮埋没、赋役不均等弊，应请旨者，奏请取问；应治罪者，依律治罪。其移送照刷文卷，均用印信册结，照刷事件，具疏奏缴”①。从上述规章中可以看出，刷卷是定期进行，每年一次。刷卷的侧重点是刑名、钱粮，即司法监督和钱粮审计。对审计出的应奏请皇帝定夺的问题，奏请后办理；审计出的违法犯罪行为，按律追究刑事责任。移交审计资料，应该行文盖章以防欺诈失错。每年照刷文卷公务结束后，京畿道汇总审计情况向皇帝报告。

照刷文卷初期，有关部门报送的审计资料不完整，给审计公务的开展带来很大困难，京畿道将这一情况向朝廷奏明。为此在康熙元年（1662年），康熙帝传旨说：“照刷各衙门文卷及钱粮等项，以稽核埋设、违误等弊。各衙门只开收存数目，而支放之数未开，如有浮冒，从何稽察？嗣后有钱粮各衙门，将支放数目，详细开送，以凭稽核。”②从制度上保证了审计公务的顺利进行。

①② 光绪本《钦定大清会典事例》卷一千十七。

照刷文卷中，其审计对象范围相当广泛，在京大小衙门的一切经济活动事无巨细都要审计，就连印制凭证所需纸张的费用支出，也都规定列入审计范围，如康熙三十九年规定："户部山东司所领盐引心红纸张银，造入刷卷册内送核。"①各省的钱粮收支也列入了照刷文卷的审计范围，"（康熙）六年复准，直省钱粮，户部不必别设磨勘司，责成各司，于奏销时详加磨勘，按年送京畿道刷卷"②。照刷文卷中，对各省银粮收支的审计，不由各省报送资料，而由户部按年报送各省资料。

在实施照刷文卷的过程中，审查的事项呈减少趋势。雍正三年（1725年）规定："在京各衙门，凡关系钱粮、刑名案件，每年八月内，汇造印册，送京畿道刷卷。"③ 顺治年间，除军机大事外，在京大小衙门文卷都要刷卷，而至此，刷卷的事项仅限于钱粮与刑名，也就是说刷卷的内容只有钱粮审计与司法监察两项而已。凡不关钱粮、刑名的文卷，从此不在刷卷之列了。

刷卷的程序是：每年八月之前，在京各衙

① 光绪本《钦定大清会典事例》卷一千十七。

② 乾隆内府抄本《都察院则例》两卷本卷上。

③ 光绪本《钦定台规·各道二》。

门，将上年办理过的钱粮、刑名文卷账册送京畿道刷卷。对各衙门的钱粮收支，通过审计发现违规、差错等问题，核实后向皇帝参奏。至年底前，要完成刷卷任务，并将各衙门的钱粮收支汇总成册，称作黄册，进呈给皇帝。刷过的文卷账册，于转年二月，由各衙门派员取回，为了防止审计官吏索贿，明确规定：各衙门领卷时，倘若京畿道"书役有借端勒索等弊，计赃以枉法论，照知法犯法例，加等治罪。该御史知情者，照故纵例议处，不知情者，照失察例议处"[①]。从制度上，对审计官吏的廉洁为政予以约束。

河南道的照刷文卷实为审计活动

乾隆二十年，京畿道与河南道"互易所掌"[②]，京畿道的照刷文卷公务改归河南道。此后，对照刷文卷的审查事项进一步压缩。"（乾隆）三十二年议准，在京大小各衙门，照刷文卷，凡有关系钱粮者，全行开送，毋得丝毫遗漏。其无关钱粮案件，概行停止送刷。"[③] 监察御史照刷文卷清代以前就已有之，各衙门所有事项的案卷都要进行照刷。到了清代乾隆三十二年

① 乾隆内府抄本《都察院则例》两卷本卷上。
② 《清史稿·职官二》。
③ 光绪朝《钦定大清会典事例》。

(1767 年)，刷卷的事项仅限于钱粮收支，从此照刷文卷就成为纯粹的审计活动了。

清末同治年间，随着封建统治的衰微，刷卷制度也日趋松懈。按规定各部院大小衙门的钱粮收支账册，应于八月之前送交河南道审计，此时各衙门报送钱粮账册往往超过规定期限，拖延到九月、十月报送。而京通各仓及大兴、宛平两个京县，竟然拖至十一月、十二月才报送。河南道御史宝麟将上述情况报知朝廷，同治五年（1866年)，朝廷特发谕旨，要求各衙门认真执行刷卷制度："著各该衙门将应刷卷册，于八月初旬，移送河南道，以凭磨对查刷，倘逾期仍蹈故辙，延不造送，即著该御史等查明参处"[①]。然刷卷制度已属强弩之末，光绪三十二年（1906 年）停止刷卷。

包含着审计活动的照刷文卷制度，被列入清代的法典《大清律例》中，以刑事处罚的手段制裁照刷文卷中的违法行为，规定："若文卷刷出钱粮埋没……等事，有所规避者，各从重论。"[②] 无论是审计官员，还是被审计官署，凡是隐瞒钱粮收支中违法问题的，都要从重追究刑

---

① 光绪朝《钦定大清会典事例》。

② 乾隆本《大清律例》卷七。

事责任。

（七）清代的田赋审计活动

清代的田赋收入，包括两项内容：一是地丁银，二是漕粮。清代田赋征收管理的法规依据是《户部则例》，该则例对田赋征收管理做了较为详细的制度规定。

田赋审计的规章

顺治初年规定，凡田赋、杂税奏销，由布政使司造册，呈巡抚转送户科察核。在审计田赋奏销册的同时，还要对征收田赋的原始凭证——易知由单进行审计。顺治十六年（1659年）规定："州县由单申府，用府印钤盖，呈报部科复核，如有私派分洒等弊，户科题参。"[①] 无论是州县还是直省，由单合计之数，应与田赋奏销册的支出、解送之数相等，两者之间存在着勾稽关系，这也是清初田赋审计的重要内容。康熙初年，有些送达审计的由单与田赋奏销册之间存在差错，为此康熙帝在康熙十一年（1672年）提出要求："州县奏销册开解支之数，由单列征收之款，每有册单总散数目不符，嗣后奏销册务与由单相符。至实征原额、起存完欠、藩司总数，务与州

① 光绪本《钦定台规·六科二》。

县细数相符，送户科察核。”[1] 康熙二十七年（1688年），“以各省刊刻由单，官吏揹索纸版之费，用一派十，悉免刊刻”[2]。停止使用易知由单，仍以《赋役全书》作为征收田赋的依据。乾隆年间，各省奏销田赋，都附有记载田赋收支的黄册，“分送部科，以便核销”[3]。

上面讲的是有关户科开展田赋审计的规定。此外，京畿道也有田赋审计之责，康熙年间规定：“直省征收钱粮，夏税于五六月，秋粮于九十月，其报部之数，责成各司于奏销时详加磨勘，按年送京畿道刷卷。”[4] 京畿道（后来改为河南道）的田赋审计，以年度定期审计的形式开展。

科道官的田赋审计活动

顺治六年（1649年），“户科右给事中董笃行请颁行易知由单。”[5] 由单之式，各州县开列土地上、中、下三等，正杂本折钱粮，及米、豆、麦、荞、麻等诸项，最后编成总数，刊成定式，每年开征前一月发给纳户，单内填注纳户姓

①③ 光绪本《钦定台规·六科二》。
② ［清］·王庆云《石渠余纪》卷三《纪赋册粮票》。
④ 《清史稿·食货二》。
⑤ 《清朝文献通考》卷一。

名及应交钱粮之数。董笃行建议朝廷采用易知由单法征收田赋，其目的是加强税收监督，防止额外滥征，他的建议被顺治帝采纳实施。

顺治八年（1651年），顺治帝“分命御史巡行各省，察民间利病”①。这中间包含了田赋审计调查的内容，苏松巡按御史秦世祯，通过审计调查，提出了整顿田赋征收的建议——“兴除八事”②。清初田赋，弊端很多，地方豪强偷漏税款，胥吏里书上下其手从中贪剥，不法官员贪赃枉法，通同作弊。有的地方官吏视田赋为利薮，以官府名义出面，公开向农民苛敛，多征预征，这种弊政，给农民带来严重灾难。监察御史秦世祯针对田赋征收中的弊端提出：第一，田地由业主自己丈量面积，填报纳税，以清除诡寄（将自己土地的税粮诡加于他人税粮中）之弊；第二，钱粮数额都填易知由单，有增减变化另给小单通知纳税户，使奸吏不能借机多征；第三，易知由单详开田赋的总数及细数、纳税户姓名，以便审核；第四，催收田赋不许滥差衙役，设立滚单，依次催纳；第五，赋税银由纳税户自己封好，并加盖布政司及府印，以防奸吏作弊；第六，税银

① 《清史稿·食货二》。

② 《清朝文献通考》卷一。

按期上交，不得分毫存留衙役之手；第七，民差按田地多少均派，不能苦乐不均；第八，从税款中留存的备用银两，不得额外透支，征解银册，布政司按季提取，年终上报户部。秦世祯的建议受到顺治帝的重视，批准照此办理。“自后钱粮积弊，厘剔渐清。”[①] 由此可见，秦世祯在审计调查中，提出的整顿田赋征收管理的八条建议，对规范税收征管起到了一定效果。

乾隆年间，监察御史蒋炳针对田赋征收中侵害纳税人利益的弊端，提出改进田赋征收方法的三条措施：不同地区田赋税额有差异，每年按照户部制定的税额，核实后予以公布；纳税人封包后缴纳的田赋银，州银官拆封时发现短少，立即于封包上注明数目，令纳税人自行补交，避免衙役从中作弊勒索；纳税人缴纳田赋银，按要求必须熔铸成统一规格的银锭，各州县设有官匠，熔铸银子时勒索侵渔，应该革除官匠，允许纳税人随处熔铸。监察御史蒋炳提出的措施，得到批准施行。

到了清末，连年战乱，国用日增，而田赋收入日绌。光绪二十年（1894 年），应收正杂赋税总数为 3400 余万两，实际征收入库仅 150 万两，

---

① 《清史稿 · 食货二》。

"赋税亏额如此，财既不在国，又不在民，大率为贪官墨吏所侵蚀"[1]。据此可见，清末的田赋审计没能发挥其应有的约束作用。

督抚对田赋征收的审计监督

各省总督、巡抚兼都察院右都御史、右副都御史衔，对所辖省的田赋征收有审计监督之责。据《户部则例·田赋三》载，督抚的田赋审计监督职责体现在：各省布政使将每年征收的田赋银，分别正课杂项，各归各款，造具简明清册，"由督抚复核"；每年秋收后，本省全年田赋银征解完结，各省督抚要"查明各州县钱粮，如有已征未解者，即行据实参奏"；各省督抚在布政使奏报田赋收支的时候，"务将未完各项严查是否实在民欠"。

乾隆五十五年（1790年），新任江苏巡抚福崧在审查接管的文卷账册时，从句容县上报的该县县吏侵贪田赋银294两的公文中发现疑点，于是立案审计，最终查出该县县吏侵贪田赋银七千八百余两、侵贪税粮820石的大案。为此，乾隆帝特发谕旨："想各省亦必有似此者，俱著彻底清厘。"[2]

---

① 《清史稿·食货二》。

② 《清朝续文献通考》卷一。

（八）清代都察院的审计职责

清代因袭明制，设立都察院为全国最高的审计、监察机关。都察院官署设在皇城西长安门外，都察院的最高长官是左都御史，官阶从一品，其地位与六部尚书相当，还有左副都御史协助办理院事。都察院下属的六科、十五道、稽察内务府御史处等执行审计公务。

六科并归都察院

清初，“沿明制，六科自为一署”①。铸有印信，设给事中，分科办事。六科的职责是“传达纶音（纶音：指皇帝的诏书、制令），稽考庶政”②。六科把皇帝批过的臣工题本，从内阁领出，誊抄清楚，发给有关部门执行。不仅转发文件，同时具有封驳权，已经皇帝批准的奏章，六科认为有不妥的地方，可以封还执奏。此外还审计、监察六部，即吏、户、礼、兵、刑、工六科，分别对吏、户、礼、兵、刑、工六部实行审计。

雍正元年（1723 年），为了提高都察院的审计职能，雍正帝把六科合并于都察院。自此，六

---

① 《清史稿·职官二》。

② 《清朝通志》卷六十五。

科给事中奔忙于审计事务，六科的封驳权因此削弱了，而审计职责却大大地加强了，两者此消彼长，是雍正帝强化皇权专制的两个侧面。都察院的监察御史，向例有巡仓、巡盐、巡漕等巡回审计公务，六科归都察院管辖后，“台臣循照台例，一切城、仓、漕、盐等差，与御史一体开列。于是六科各员，奔走内外，朝夕不遑，或递相署理，至有本科只留一人者”。[1] 这是六科官吏为审计公务奔忙的写照，至此六科给事中与监察御史在审计职责上没有什么区别了。

六科的审计职责

六科官署在紫禁城午门外，各科设置的官吏有：掌印给事中、给事中、笔帖式、经承。笔帖式掌管文卷，经承办理具体事务。六科的审计职责体现在“稽考庶政”[2]、“勘鞫官府公事，以注销文卷”[3] 里面。具体地讲，六科各自有其审计范围，六科对应六部分别进行审计监督，各科所承当的审计事项是不均衡的，户、工两科审计事项较多，其余诸科的审计事项相对地讲要少一些。六科共同的审计事项是：仓庾巡回审计、漕

① 《清经世文编》卷十四·曹一士《请复六科旧制疏》。
② 《清朝通志》卷六十五。
③ 《清史稿·职官二》。

粮巡回审计、盐务巡回审计等。

户科负责审计户部管理的财经活动，审计事项包括：财政经费、物资审计——各衙门支领户部钱物，每月造册送户科察核，如有浮支冒领或存在差错，由户科向皇帝报告；田赋审计——各省征收的田赋杂税，由布政使造册，呈巡抚转送户科察核，如果存在虚假和差错，由户科向皇帝报告；军费审计——各省兵马钱粮奏销，由提标、协营造册，呈总督转送，均限于每年5月送达户科察核，如果存在虚假和差错，由户科向皇帝报告；财政官员离任审计——各省布政使离任，要将其任内收放钱粮盘查清楚造具清册，并出具责任担保文书，呈巡抚送户科察核；粮食审计——京城、通州各粮仓，每年收放粮食数目造具清册，送户科磨对。此外，户科还对盐务、商品税进行审计监督。

工科负责审计工部管理的各项工程建设和军器制造。工程建设审计事项包括：京师各项工程，由工科会同陕西道察核，以防浮冒；各省一应修造工程，均应造具细册，送工科察核；河防水利工程费用，每年限8月奏销，应备造清册，附河道图式，送工科察核；建造王公、大臣坟墓，由监造官备造工料细册，送工科察核。军器制造审计事项包括：各省兵船、粮艘，无论新造及维修，备造细册，送工科察核；各省制造军用器械，均应备造经费收支细册，送工科察核。此外，工科还对工部征收的船税、货税、竹木税进行审计，对各省送解工部的物资及运费支出进行审计[①]。

十五道的审计职责

清代的都察院设河南、江南、浙江、山东、山西、陕西、湖广、江西、福建、四川、广东、广西、云南、贵州、京畿十五道。十五道官署除河南道在都察院西边，其余均在都察院内。各道设置的官吏有：掌印监察御史、监察御史、笔帖式、经承。

清代审计、监察系统的官员，如都御史、监察御史、各省按察使等，所穿官服的胸前和背后用丝线绣成獬豸图案，作为专用徽标，称作獬豸补服。借用“獬豸”这种传说中能够判断是非曲直的神兽，来象征审计官员执法公正。

《清朝文献通考》称十五道的职责是：“监察御史掌纠察内外百司之官邪，在内刷卷，巡视京营，监文武乡会试，稽察部院诸司；在外巡盐、巡漕、巡仓等及提督学校，各以其事专纠察。”十五道中，京畿道、河南道、江南道、山

① 光绪本《钦定台规·六科二》。

西道、陕西道审计事项较多，其余各道次之。

各道的主要审计事项是：京畿道审计在京大小衙门账册文卷（乾隆二十年奉旨将此项公务移交河南道办理），会办京察、大计中的审计公务；河南道自乾隆二十年始，审计在京大小衙门账册文卷；江南道审计户部及其所属的三库、宝泉局、左右翼税务衙门、京仓；山西道审计兵部、总督仓场及所属坐粮厅、大通桥监督、通州二仓；陕西道审计工部、宝源局、在京工程等。

光绪三十二年（1906 年），都察院的十五道增至二十道，以前十五道的审计分工不复存在，“旧制，各部及各衙门分道稽察，至是停止”①。

（九）清末筹备成立审计院始末

清朝末年的预备立宪，是从改革官制入手的。在官制改革中，提出了分权以定限，即调整立法、行政、司法三权，由此牵涉到设立审计院问题。

预备立宪中的审计思想

围绕着设立审计院，许多朝廷大臣借鉴日本及欧美的政治体制，阐述了对审计机构及职责的设想。

---

① 《清史稿·职官二》。

出使各国考察政治大臣、礼部尚书戴鸿慈和出使各国考察政治大臣、闽浙总督端方，在光绪三十二年（1906年）七月六日《请改定全国官制以为立宪预备》的奏折中，建议按照普鲁士、日本的政治体制模式，设置独立的审计机构："宜于内阁之外，增设……会计检查院。考各国财务行政，均操之户部大臣，而监督之者则为国会及会计检查院。凡国库金之出入、会计员之决算报告，均须经本院判决，当者认可，不当者使之辨正，仍不改，则一面奏陈君主，一面牒告长官，加以处分。此院之职务，殆与司法裁判同为独立之性质，故能破除一切弊端……今宜仿普、日之制，特置会计检查院，设正卿、少卿各一人，凡关于检查会计之事，各地方行政官皆受其监督指挥。"① 戴鸿慈、端方设想成立的会计检查院，独立于政府之外，负责审计中央及地方政府，缺点是级别规格低，会计检查院长官仅为"正卿"，这个职位也就相当于六部的侍郎。

时为出使德国大臣的杨晟在《条陈官制大纲折》中，借鉴各国的经验，强调要设立一个独立于政府之外的审计机关："检定出纳之官，如各国所谓会计检查院者。夫内外百司莫不有会计出

① 《清末筹备立宪档案史料》三七三页。

入之事，政府监督势难遍及，且以行政官自相检查，亦恐流于瞻徇，故必有一司独立于政府之外以检定之。况各国国会有担负财政之责，即有监督之权，今国会未开，不能不有一勾考之地以求整顿之法，盖举通国之盈虚，筹全局之大计，理财行政官有不能顾及不能合一者矣。此其应特设者。"①

出使美、墨、秘、古国大臣张荫棠，在宣统三年（1911 年）二月二十日陈奏设置责任内阁的奏折中，谈到了对审计机构长官的权力、任职年限的设想："设会计检查院以稽核全国财政，院长由内阁大臣会奏任，但任职以后独立行事，不受内阁管辖。凡司……会计检查院职者，在各国多为永任官，非犯罪恶不罢职，此制必须酌行，而后法权常伸，而财政不紊矣。"②。

在预备立宪过程中，诸位朝廷大臣有关审计设想的言论，均系借鉴国外先进的经验和做法，有感而发，绝非空想。

筹建审计院的历程

光绪三十二年九月十六日，庆亲王奕劻等在《厘定中央各衙门官制缮单进呈折》中，正式提

① 《清末筹备立宪档案史料》四〇二页。

② 《清末筹备立宪档案史料》五五一页。

请朝廷仿照国外先进的政治体制，设立“审计院以查滥费……直隶朝廷，不为内阁所节制，而转足以监内阁”[①]。4天之后，即九月二十日，清统治者在《裁定奕劻等核拟中央各衙门官制谕》中，批准设立审计院：“其应行增设者，资政院为博采群言，审计院为核查经费，均著以次设立。”[②]

光绪三十四年（1908年）八月一日，清朝廷在批准的《议院未开以前逐年筹备事宜》中，计划用9年时间完成预备立宪事宜，确定预备立宪事宜的第8年，即光绪四十一年（1915年）“设立审计院。会议政务处、宪政编查馆同办”[③]。明确了审计院的成立时间，也将筹建审计院的事宜落实到有关部门。到了宣统二年（1910年），清朝廷对《议院未开以前逐年筹备事宜》进行了修正，将成立审计院的时间提前了三年，确定在“宣统四年（1912年）……设立审计院”[④]。继续由会议政务处、宪政编查馆筹备成立审计院。

① 《清末筹备立宪档案史料》四六九页。

② 《清末筹备立宪档案史料》四七一页。

③ 《清末筹备立宪档案史料》彩页。

④ 《清朝续文献通考》卷三百九十九。

制订审计法规

在会议政务处、宪政编查馆筹办成立审计院事务中，出台了我国第一部专门的审计法规——《审计院官制草案》。该法规草案的主要内容包括：

1. 审计院官员。设正使 1 人、副使 1 人，掌佥事 6 人、佥事 36 人，另设一、二、三等书记官及录事各若干人。审计官员的规模，估计在百人左右。审计院正使为“从一品”，与六部尚书平级。正使、副使为常任官员，掌佥事、佥事任期为十年一届。佥事以上审计官员不得兼任其他官职。

2. 审计院职责。审计院负责审计中央及地方各级官署的一切收支款项，核定其真伪。审计院下设六司，按司确定审计范围。

3. 审计处置权。审计院在审查各项报销账目时，若发现遗漏、谬误和其他可疑情节者，通知各衙门转交收支官更正。其情节较重者，应该奏明朝廷委派审计院佥事彻底清查。审计院对于已由各该衙门收支官更正的账目，仍发现不真实、不详尽之处，或于佥事检查落实后，又有欺诈舞弊的情节，应将该衙门收支官分别情节轻重，或奏请朝廷或移送有关衙门惩处。

4. 审计议决与报告。审计院以会议形式议定对所审计各项报销账目的结论。重大事项由院会议议决；一般事项由各司会议议决。会议议决采取少数服从多数的原则确定。年终，审计院应将审计成果向皇帝奏明。[①]

《审计院官制草案》的条款，是在借鉴了日本及欧美各国经验做法的基础上制订的，应该说是清末审计思想的一个飞跃性的进步。

1911 年，孙中山领导的辛亥革命推翻了清代的封建统治，清朝廷计划于 1912 年成立的审计院，未及降临便随着封建统治灰飞烟灭了。

（十）雍正年间创设的派驻审计机构

清代康熙末年，财政经济秩序混乱，全国的财政亏空严重。雍正皇帝执政后，大力整顿财经秩序，把加强审计监督放在特别重要的位置上，因此雍正年间创设了几个从事专项审计、监察的派驻机构。对那些支出财政资金数量大而且又有一定特权的机构，分别实施审计监督。

稽察旗务御史

清代的八旗，是清太祖努尔哈赤开始设置的融军事、行政、生产为一体的组织。清军入关后，八旗的生产职能日见缩小。清中叶后，八旗

---

① 刘陶福《审计正要》第 7—10 页。

的军事职能亦日趋削弱，八旗逐渐成为管理旗务的行政组织。在旗之人地位高于百姓。雍正元年，雍正帝下令："八旗内，每旗派出满洲御史二人，照稽察各部院衙门例，令其稽察……凡八旗一应关系钱粮事件，按月稽察。"① 雍正帝在讲述设置稽察旗务御史的原由时说："旗务不比部院事件，部院事件俱有条理，又有限期。旗务并无一定条理、限期，所以特派伊等令其稽察。"②这是说八旗事务缺少法纪的约束，所以派监察御史进行审计监督。稽察旗务御史的队伍达 16 人之多，如果再加上属吏就有数十人，是一个颇具规模的审计机构。十几年后，到了乾隆四年（1739 年），稽察旗务御史扩编为 24 人，这个人数，接近于都察院各道监察御史总和 56 人的一半，可以说是力量充实。

稽察旗务御史的审计职责主要有：对八旗人员的俸禄薪金，按月进行定期审计；八旗人员领取的婚丧优恤银，按月汇总由稽察旗务御史进行审计。如果发现有冒领舞弊行为，立即报告给皇帝惩办；涉及八旗公产土地的事务，都要登记填造注销册，报送稽察旗务御史进行审计；对八旗营房日常维修工程进行审计监督。

---

①② 光绪本《钦定台规·稽察三》。

稽察内务府御史衙门

清代的内务府，负责承办皇帝宫廷的衣食住行等事务，经济活动繁多。雍正帝认为："部院事件均有御史监察，应将内务府官员内拣选四人授为御史，互相稽察，于事物有益。"① 为了加强对内务府的审计监督，于雍正四年（1726年），成立了稽察内务府御史衙门（也称为稽察内务府御史处）。稽察内务府御史衙门是有官印的正式官署，起初监察御史编制为4人，乾隆初年该衙门曾一度被裁撤，至乾隆三年恢复了该衙门，此后编制为监察御史两人，下设经承3名。稽察内务府御史衙门的审计职责主要有：

1. "内务府一应支销钱粮事件，照京畿道刷卷之例，该御史查对磨勘，岁底具题。"②也就是说，稽察内务府御史衙门对内务府的一切经费支出，仿照都察院京畿道刷卷的制度，进行年度审计监督，每年要将审查结果向皇帝报告。

2. 内务府广储司所属银库、皮库、缎库、衣库、瓷库、茶库等六库的管库官员，遇有离任交接，稽察内务府御史要进行审计监督；对上述六库的钱物收支，稽察内务府御史要随时进行审计。并于每月的初五日、二十五日，对六库的钱

①② 光绪本《钦定台规·稽察四》。

物收支汇总审核确认。

稽察理藩院银库御史

理藩院是清朝廷管理蒙古、新疆、西藏等地少数民族事务的机构。理藩院内设有银库，负责支付蒙古等上层人物的费用。雍正四年，经雍正帝批准，由都察院派出满洲给事中、监察御史各一人，出任稽察理藩院银库御史。起初，稽察理藩院银库御史也参与办理库务。至雍正十一年，朝廷规定："稽察理藩院银库御史，停其办理钱粮事务，只令亲行监放蒙古等口粮银，稽察库弊。若司库之官有营私作弊，该御史瞻徇情面不行参奏者，发觉之日，一并参处。"[①] 这项规定，使稽察理藩院银库御史的审计职责趋于专一，也明确了其渎职责任。

稽察宗人府衙门

清代的宗人府"掌皇族之属籍"[②]，也就是掌管皇族的家谱及其身份。宗人府设有银库，以支付皇族人员的费用。雍正五年，成立了稽察宗人府衙门（也称为宗室御史处），"设宗室御史二员，稽察宗人府事务"[③]。其中一名御史掌印，

---

① 光绪本《钦定台规·稽察四》。

② ［清］纪昀《历代职官表》卷一。

③ 乾隆内府抄本《都察院则例》六卷本卷三。

另一名御史协理稽查，下设经承三名。稍后对稽察宗人府监察御史的审计职责分工做了明确规定：“委御史一人，不令办事，只令稽察钱粮数目”①。

雍正六年，朝廷批准的稽察宗人府衙门审计职责为：“宗室御史稽察银库、钱粮、册籍……每月宗室等婚丧事优恤银、借给八旗官员银拖欠还过细数，造册移送核对，如有不符，宗室御史核参。年终，将稽察过数目详细核算，奏闻。”②要求稽察宗人府御史，对审计中发现的问题，及时报告给皇帝。年终时，将全年的审计事项汇总上报。光绪年间，又把盛京将军从户部领取银两后，发给居住在沈阳皇族的婚丧事优恤银，划入稽察宗人府衙门的审计范围。规定每年春秋两季，将发放银两的账册，差专人报送给稽察宗人府衙门，以便于审计。稽察宗人府衙门的宗室御史，任三年，届满更换。

雍正年间设置的这些派驻审计机构，被后代清帝所沿袭，如稽察宗人府衙门存在了近二百年。雍正帝广泛运用审计监督手段，整顿了混乱的经济秩序，促进了官吏的廉洁。正如乾隆帝所

---

①② 乾隆内府抄本《都察院则例》六卷本卷三。

说“雍正十三年，内外诸臣莫不以廉法自持”[①]而乾隆帝虽然也是竭力振作，但是经济上的违法犯罪却屡禁不止。嘉庆以后贪污之风炽盛，已到了不可收拾的地步。清代诸帝之中，能够大力加强审计监督，并取得实效的，当首推雍正皇帝。

---

① 光绪本《钦定台规·训典三》。

七、民国时期的审计

史全生

（一）1929年对审计模式的讨论

1929年，审计界围绕中国审计模式问题曾展开了一场热烈讨论。

当时世界各国的审计制度虽然各有特色，但大致都可归纳为三种类型：一是以英、美为代表的立法型，其审计机构隶属于议会，对议会负责。二是以德、法为代表的司法型，其审计机构在依法实行会计监督时，具有一定的司法权力和职能。三是以苏联为代表的行政型，即审计机构隶属于政府，代表上级政府对下级政府部门和企事业单位行使审计职权。

民国北洋政府的审计即属于行政型。1912年成立的审计处隶属于国务院；1914年袁世凯废除了内阁制，实行总统制，即设立审计院，隶属于总统府，都是隶属于政府的行政型。而1925年7月成立的广州国民政府的审计，则隶属于监察院。其监察院组织法规定：监察院有权取消或变更各级官吏有害于人民权力或利益的违法和不当处分，有权检举和逮捕违法官吏，则又属于司法型的了。南京国民政府成立之初，继续沿袭广州国民政府时期的审计模式，只是由于当时宁、汉对立和蒋介石的下野，并未广泛开展审计工作。蒋介石在 1928 年初重新上台后，开始集党、政、军大权于一身，为了加强政府对财政收支和中央对各级政府和企事业单位的控制，将审计从监察院中分离出来，成立审计院，与其他各部、会并立，直属于国民政府中央，则又从司法型转变为行政型的了。

但蒋介石重新上台后，通过第二次北伐，很快推翻了北洋军阀政府，初步实现了表面的统一。根据孙中山关于军政、训政、宪政三个阶段的革命理论，则旧政府的垮台和全国的统一，标志着军政时期的结束，训政开始，俾“训练人民行使政权之能力，以期促进宪政，奉政于国民”，并于同年 8 月召开了国民党二届五中全会，宣布了这一进程的转变，指出嗣后将根据孙中山《建国大纲》关于“权能分治”和“五权宪法”的精神建设国民政府。随后在 10 月 8 日公布的《中华国民政府组织法》，正式确定了国民政府由行政院、立法院、司法院、考试院、监察院组成，并规定审计归监察院主管，监察院依法行使

"弹劾""审计"两项职能。这初看起来似乎又回到了广州国民政府时期的审计体制，但实际上绝非广州国民政府审计制度的简单重复，一则训政时期的南京国民政府实行"权能分治"的五权分立体制，而广州国民政府尚处在军政时期，只是实行简单的"合议制"；二则训政时期南京政府的审计机构已升格为部，直隶于监察院，与行政院各部、会同等地位，而广州国民政府的审计机构只是监察院属内局下的一个科，后来监察院各局缩编为科时，其审计机构又依次缩编为科的下属单位。监察院对审计只能实行间接领导，不能直接领导，从而大大降低了审计机构的地位与权力，不利于独立行使审计职权。

五权宪法下的审计又是怎样的审计体制？这是谁都没有经历过的新事物。为此审计界在1929年3月展开了一场讨论。专家们各抒己见，众说纷纭。但概括起来不外下列三种意见：一是以国民政府财政顾问、美国货币专家甘末尔为代表，提出了"四司说"，即审计部应设有事前审计、事后审计、检查和弹劾四司，分任事前、事后审计、独立检查与报告，以及检举与其他事项。另设检查员与区审计员，分别负责沟通检查司与财政部会计司概算员及各机关会计，以及事前、事后两审计司与财政部国库司收支官员之间的联系，以便更好地完成各项具体的审计事项。

第二种意见以杨汝梅为代表，主张审计部设一、二、三三司，但这一、二、三三司不是按事前、事后审计和稽察的具体分工设置的，而是将各机关的审计事项包括事前、事后审计和稽察事项，按工作量的多寡比较均衡地分摊给各司，与北洋军阀政府时期审计院一、二、三厅的组织体系基本一致，使同一机关的事前、事后审计和稽察，均归同一厅实施，以收简便快捷之效，避免同一机关的不同审计事项分散至各厅，不能同时一起完成。但这就要求审计人员必须全面掌握各项审计业务，不利于审计专业的深入发展，影响审计质量的提高；同时由于被审计机关与审计部门的关系长期固定不变，也容易滋生审计过程中的舞弊现象。

第三种意见以林襟宇为代表，主张审计部设二司，分别主管事前、事后审计，地方设审计员开展对各自本地的事前、事后的就地审计。并在监察院和行政院下分别设置检查司和会计管理处，分别开展独立的稽察和统计工作，从而使审计、稽察和主计分别成为独立部门，从事并行不悖的财政监督和主计工作，以使这些工作的专业化程度更加深入。但将稽察工作从审计中剥离出来，使审计不能与稽察密切配合，这又增加了审计工作的难度。

针对上述三种意见，立法院法制委员会与财政委员会接连召开了三次联席会议进行讨论研究。他们认为南京国民政府实行五院制政治体制，不同于西方国家的三权分立。其审计体系不能简单地模仿某一种模式，必须根据中国五院制的政治特点，制定出适合中国政治特点的审计模式。为此他们作出决议：审计部隶属于监察院，基本采用司法型的审计模式，但必须根据五权宪法的理论，采用合议制处理部务，以发挥审计专家们的集体智慧。并且为了防止浮滥，揭发贪污，使审计工作有效开展，审计人员除审计、协审外，另设稽察若干名，以稽察财政人员不法不忠的行为。同时加强事前监督，使事前与事后审计同时并重，将一切不法不忠的行为杜绝在萌发之前。另外，在地方设驻外审计、协审和稽察，开展地方的就地审计。据此，国民政府随即公布了《审计部组织法》17 条，规定审计部设正、副部长，下设一、二、三三厅，分任事前、事后审计和稽察事务，并设置审计会议，以处理重要的审计、稽察事项与调度审计、协审、稽察人员。以后又在各省、特别市和中央各事业单位派驻就地审计处、室，从而形成了带有中国五院制特色的司法型审计模式。

（二）会计师审计制度的形成与发展

会计师审计又称社会审计，即由注册会计师执行审计业务的一种审计制度。早在晚清时期，随着外国资本的大量输入，这一审计制度也随之输入中国。一些外国会计师在各租界设立了会计师事务所，按照西方的审计制度，开展了对外资企事业单位的会计审计，有时也受托开展对中国企事业单位的会计审计，公然侵犯中国的审计主权。民国成立以后，随着民族资本主义的不断发展，民主势力日益增长，人们对西方列强公然侵犯中国的审计主权，日渐表现出强烈的不满和反对，纷纷提出收回审计主权，自行设立会计师事务所。

谢霖先生即为提出这一口号的第一人。1918年6月他首先向民国北京政府财政和农商两部呈递报告，要求实行会计师审计制度，申请注册登记，执行会计师审计业务，得到民国北京政府的同意和批准，成为中国第一位获得会计师证书的注册会计师。民国北京政府并委托谢霖先生起草了《会计师暂行章程》，于同年9月颁布施行，作为会计师执业的组织章程。

《会计师暂行章程》计11条，规定会计师必须在国内外各大学和专科学校商科学习3年以上，获毕业文凭，并在50万元以上资本的银行、公司中担任重要会计职务5年以上，30岁以上的中国男性公民，经本人申请获得农商部批准，获颁会计师证书，在农商部《会计师总名簿》登记后方可执业。其审计佣金必须通过双方协商，并在审计中严守商业机密，实行回避制度，秉公办理。从此，中国的会计师审计制度即告产生。

至1921年，全国已有注册会计师13人，1924年已达114人，1927年更达284人，并纷纷成立会计师事务所，执行会计审计业务。自然这又是谢霖先生率先在京津地区成立了全国第一家会计师事务所——正则会计师事务所。其他各会计师纷纷仿效，至1927年1月，仅上海一地即有会计师事务所42家，为全国会计师事务所最集中的地方。

随着会计师队伍的日益壮大，广大会计师为了维护其自身的权利和地位，联络感情，增进相互间的团结，提高各自的业务能力，促进会计、审计学术的发展，即“图谋会计师地位及信用之向上，促进吾国经济事业之健全发达”，开始成立地区性的会计师公会组织。最先成立的是上海中华民国会计师公会，随后京津、武汉和广东会计师公会亦相继成立。

南京国民政府成立以后，随着民族经济的发展和社会的进步，会计师制度也取得了新的发展。执业会计师队伍进一步壮大，会计师事务所也不断涌现，并且相继成立了山东、浙江、九江、南京等省市的会计师公会，在此基础上，于1933年10月在上海召开了全国第一届会计师公会代表大会，正式成立了中国会计师协会。

与此同时，为了加强对注册会计师和会计师事务所的管理，国民政府在1927年8月和1929年3月先后颁布了《会计师注册章程》和《会计师章程》，对执业会计师的资格条件做了进一步的严格规定，接着在1935年做了新的修订。这是中国第一次以立法的形式确立了会计师的法律地位与从业规则。它在重申了1929年《会计师章程》中关于会计师资格审定的基础上，进一步全面规定了会计师的业务范围、执业道德和处罚准则；规定会计师主要受公务机关命令或当事人的委托办理“关于会计组织、管理、稽核、调查、整理、清算及鉴定各项事务”；并规定会计师执行业务时必须公正廉洁，不徇私情，严守中立，不得与非会计师共同执行业务，并不得将个人名誉身份让与他人执行会计师业务等等，否则将受到6个月以上、3年以内的停业、除名和撤销证书等一系列惩戒处分。

1931年6月，考试院颁布了《会计师考试条例》，宣布实行会计师考试制度。会计师考试分甄录试、正试、面试三个程序，各占40%、20%和40%份额。甄录试考语文写作、党义、中国史地、宪法等四科，主要考核应试者的综合素质。正试则为业务考核，包括财政学、会计学、审计学、经济学等八个科目和三个选考科目。面试主要考核应试者的实际工作能力。三个程序考试全部及格后方可录用。1933年、1935年，考试院还先后颁布了《高等考试会计人员考试条例》和《高等考试会计审计人员考试条例》，规定这些考试的合格人员也可获颁会计师证书，从而全面奠定了会计师的审计制度。

抗战时期，由于战事纷繁，社会动荡不安，也使会计师审计制度受到一定的冲击，一些人私自设立非法的会计师事务所从事非法执业，也有一些会计师未经加入会计师公会即开始执行会计师业务，更有一些会计师在执业时贪赃枉法，任意提高代理佣金，等等。为此，国民政府重新整顿了会计师审计制度，取缔了非法会计师事务所和非法执业会计师，统一了会计师执业的收费标准，从而稳定了会计师的审计秩序。抗战胜利以后，随着形势的转变，国民政府又颁布了《会计师检复办法》，规定对会计师进行新的检复审查，只有审查合格后呈请考试院颁发会计师检复及格证书，并转经济部备查后方可执业。从而进一步完善了会计师的审计制度，使之获得了新的发展。至 1947 年年底，经检复及格持有会计师证书的会计师已达 2619 人。

（三）内部审计制度的产生与发展

内部审计是指政府机关、军队、企事业公司和社会团体遵循一定的法律程序，对所属机关单位展开独立的审计活动。这是人类文明进步、社会发展的重要标志，也是政治民主的一种体现。

中国的内部审计最早始于清末。1904 年初清政府颁布了《公司律》，这是中国近代的第一部公司法，其中专门有《查账人》一节，规定各公司须设查账人二名，任期一年，可连选连任。查账人可随时查阅公司账目及一切簿册，董事与总办人等不得阻碍，如有询问，应即答复。公司造具年报时，应将一切账册首先由查账人详细查核，如无异议，则在结册上书明“核对无讹”字样，并签名作证。1906 年，清朝实行官制改革，规定各部设立承政厅，职掌机要等重大事项，其中就有“稽核本部报销”一项。但这些都只是开始，尚未广泛推行，民国年间便逐步推广开来。

1911年辛亥革命推翻了清朝，建立了民国。南京临时政府规定各部继续设承政厅，下设会计处，“管理本部出入经费及稽核之事”。袁世凯攫取辛亥革命胜利成果，建立民国北京政府后，将承政厅改为承政室。后来各部又纷纷将承政室改为总务厅，继续实行对本署会计的稽核之职。

1912年9月，民国北京政府还成立了陆军会计审查处，隶属于陆军总长，各省设陆军会计审查分处，分别审核中央和各省陆军的一切岁入岁出。陆军会计审查处下设三科，分别掌理陆军官衙、学校、局厂、近畿驻军和中央驻省各军的会计审计事项。1913年10月经国务会议决议，又将陆军会计审查处改组成陆海军会计审查处，下设八科，增设第一科，掌理陆海军审计之政令、文牍，将原陆军会计审查处三科的职掌分别转交陆海军审查处的二、三、四、五、六科主管，第七、八科则分别掌理海军各官衙、学校、局厂、院所与海军各舰队的会计审核事项。

至于一般企事业公司的内部审计，民国北京政府于1914年颁布了《公司条例》，该条例在清末《公司律》的基础上进一步扩大了企事业公司的内部稽核范围。规定无限公司中“不执行业务之股东，亦得质问公司营业情形，稽查账簿、货物及信件”；两合公司中之有限责任股东，得于每届结账时“索阅公司之财产目录及借贷对照表”，检查公司之业务及财产情形，必要时并可呈请该管官厅随时检查公司之业务与财产情形；对于股份有限公司，将清末《公司律》中“调查人”的名称改为监察人，并扩大了其权限，规定监察人可随时要求董事报告业务情形，调查公司簿册、信件及财产，复核董事造送的各种簿册，并将审核结果向股东会报告。公司变更章程时，监察人可直接或选任调查人调查所招新股有否认定，各新股第一次股款是否缴足等等，并将调查结果向股东会报告。股份两合公司的监察人还得调查各股东股份是否认足，其所缴资本除现款外其他资产种类及折价若何，并向创立会报告其调查结果。

然而北京民国政府虽然在政府机关和军队设置了内部审计机构，一些法规法制对内部审计也做了明确规定，政府机关和军队也的确开展了一些内部审计，但在北洋军阀官僚的控制之下，各政府机关和军队大都未全面实施，以至当时贪污成风，贿赂公行，军队吃空额，克扣军饷司空见惯。一般企事业公司也由于认识不足和制度不健全，很少开展内部审计。只有一些特殊机关，如海关总署、盐务稽核总所，由于担负着偿还外债和赔款的重任，其内部审计比较认真。有些企事业公司如中国银行、交通银行，由于系国家银行，性质、地位比较特殊，其内部监督机制也比较健全。

与此同时，20世纪20年代中期的南方革命政府也开展了一些内部审计，1924年颁布了《陆海军审计条例》，大本营军政部成立了审计局，后来国民革命军总司令部也成立了审计处，对军队开展了一些内部审计。但开展最好的还是省港罢工委员会，当时在共产党人苏兆征等人领导下，成立了专门的审计局，对罢工委员会各机关收支账项和购办物件进行了全面审核，从而确保了罢工委员会的清白和罢工运动的顺利进行。

南京国民政府成立后，随着社会的发展，内部审计也有了新的进展，其中企事业公司和社会团体界进展尤速。在企事业公司方面，1929年12月，南京国民政府颁布了《公司法》，在1914年《公司条例》的基础上，进一步扩大了监察人的职权，规定监察人可随时调查公司财务状况，董事会举行年度股东大会时须提前30日将公司《营业报告》《资金负债表》《财产目录》《损益计算书》《公积金及股息红利分配方案》等各类表册报告送交监察人查核。监察人也可代表公司聘任会计师、律师办理各审核事项。股份两合公司监察人不仅要调查公司创立会职掌的一切事宜，还得调查无限责任股东之出资种类与估价标准。有些公司章程还进一步将监察人职权扩大到管理层面。1929 年的中国银行章程即规定监察人得查察董事长、总经理、董事等是否按规则与股东会决议行事，调查银行营业与财产状况，监督银行业务。新宁铁路公司章程还规定监察人得随时稽察全路所有员工警役是否尽职，各机关的一切收支账项、材料出纳是否全部核实，款项提用与存放是否恰当，公司购料、购地、工程承包与批租合同是否合理，等等。

此外，各铁路交通系统、各大银行、造币厂等还设置了专门的稽核机构，以加强监督机制，有的称总稽核或稽核处，下设科或股、组、课、室。同样，这些稽核机构已不限于审核一般的会计出纳流程，已扩大到人事变迁、薪金发放、契约规章的订定、材料采购与使用、工程承包与进程以及经营效益等等，实际是对公司的经营管理实行全面的监督。

这时南京国民政府还先后颁布了《赈灾委员会组织条例》《商会法》《合作社法》等等社会团体法规，规定各社会团体也均须设立审计机构，开展内部审计，从而将社会团体的内部审计也引上了轨道。

然而这时国民党政府的政府机关和军队内部

审计由于国民党官僚和各军阀的把持，却进展甚微。

（四）孙中山与中国近代审计

孙中山（1866—1925 年），伟大的民主主义革命先行者，名文，字德明，号日新、逸仙，广东香山（今广东省中山市）人。1897 年流亡日本时化名中山樵，后遂以中山名世。1894 年上书李鸿章，提出“人尽其才，地尽其利，货畅其流，物尽其用”的改革主张，未被采纳，遂东渡檀香山（今美国夏威夷），创立兴中会革命团体，先后领导了广州起义和惠州三洲田起义。失败后流亡海外，继续在华侨和留学生中组织宣传革命。1905 年联合华兴会和光复会革命团体，成立了同盟会革命政党，提出了“驱除鞑虏，恢复中华，建立民国，平均地权”的革命纲领，后来解释为“民族、民权、民生”三大主义，号称“三民主义”。

作为伟大的民主主义革命家，孙中山不仅领导了辛亥革命和后来的护国、护法运动，也是一位伟大的民主主义政治思想家，他在流亡海外组织发动华侨、留学生举行革命时，即对西方资本主义国家的政治体制进行了深入细致的探讨。通过研究，他发现西方国家行政、立法、司法三权鼎立的政治体制并不如人们想象的那么先进，而是存在许多流弊，根本没有达到民主的充分目的，广大群众实际只得到一个有限的选举权。为此，他提出了一个“五权宪法”的政治理论，即将西方的三权分立与中国的考试、监察制度结合一起，将行政、立法、司法三权加上考选、监察二权。1906年12月21日他在东京《民报》创刊周年纪念会上做了《三民主义与中国前途》的报告，指出：“三权之外，尚有两权。”即考选权和监察权，他说西方国家虽然也有考选制度，“但是它只能用于下级官吏，并且考选之权，仍然在行政部之下”。至于监察权“是无论何国，皆必有的”，但是西方各国又都是“立法机关兼有监督权限，那权限虽然有强有弱，总是不能独立”。说“裁判人民的（司法）机关，已经独立，裁判官吏的（监察）机关，却仍在别的机关之下，这也是理论上说不过去的，故此这机关也要独立。”他还说：这“五权宪法”的政治体制，“便是民族的国家，国民的国家，社会的国家，皆得完全无缺的治理”，其中监察权就包括了审计监督。

1912年初中华民国临时政府成立，孙中山当选为临时大总统，组建了南京临时政府，公布了《临时约法》，但由于时间短促，又是临时的，尚未建立起独立的监察制度，直到护法运动期间，1920 年 11 月，孙中山重返广州，重新建立了军政府，便开始着手建立监察制度，而最先建立的便是审计监督制度。1920 年 11 月，孙中山任命陈炯明为广东省省长兼粤军总司令，孙科为广州市市长。为了对广州实行有效的管理，颁布了《广州市暂行条例》，规定广州市设立审计处，与市长和市参事会并列，其地位在市府各局之上，其处长由省长直接委任，当审计处长与市行政委员会发生争执时，由省长予以裁定。随后审计处相继颁布了《广州市审计处暂行章程》《广州市审计处暂定执行规程》《广州市审计处暂行审计规则》《广州市审计处办事细则》等一系列审计法规，宣布对广州市府及其所属各官府机关的预、决算计算和各项收支计算、官营企事业的预、决算及其收支计算，官有物的买卖、让与等等实行独立审计。由于广州市审计处地位较高，职权较大，其审计法规体系也比较健全，因此，其审计工作比较出色，仅 1921 年度通过对广州市政厅及其所属六个局的预算经费的审核即发现原本只需 77.2 万元的预算经费，竟乱列开支谎报了 365 万元，仅此一项即为军政府节约开支近 300 万元，为军政府实施了有效的财政监控。

随后汕头市也成立了审计处。根据《汕头市暂行条例》和《汕头市审计处暂行章程》等法规的规定，汕头市审计处的地位和审计范围、程序、方法，与广州市审计处相同。并且在广州、汕头两市审计处的基础上，1922 年 2 月，广东省也成立了审计处，对广东省所属各机关的预算决算计算、每月收支计算等展开广泛的审计。

1922 年陈炯明叛变后，孙中山回到上海组织北伐粤军和滇、桂军平叛，将陈炯明逐出了广州，孙中山再回广州成立了大元帅府大本营，就任大元帅，并在《大本营条例》中规定成立审计局，由刘纪文和林翔先后任局长，宣布对大本营所属各机关、部队、学校的预算、决算及其收支计算、特别会计的收支计算进行审核监督，并对营缮工程和财政采购进行稽察。

1924 年 4 月 20 日，孙中山以大元帅的名义又亲自制定了《陆海军审计条例》15 条，作为对大本营所辖部队进行内部审计的法律依据，并于次日成立了大本营军政部审计局，具体主持对大本营所属部队与机关的内部审计。

《陆海军审计条例》主要规定了陆海军内部审计的范围、内容、程序和方法。条例规定凡军政部所属各机关的经费出纳、军用物品和各军用产业的保管、处理，陆海军各部队及机关的年度预算、决算、现金的收支计算、军用品的收支计算、军用财产的保管、买卖与建筑事项、特别收支概算计算和其他规定必须审定的收支计算等等，都必须审核。审计内容主要是陆海军各部队及机关的预算、决算金额与发款机关的支付金额是否相符，各部队与机关的财务收支、官有物的买卖与利用是否与大元帅发布的预算命令相符，有无超过预算和预算外支出。审计的程序和方法主要是：陆海军各部队与机关须在每月5日前编制本月预算案送审备查，中央军需处及其他发款机关也应逐月将上月给各部队与机关支付的款项列表送审。审计机关审定了各部队与机关的预算决算后，应编定审计报告呈大元帅，并对应行修正的意见一并呈上。审计机关如发现各部队与机关的预算计算和收支计算有疑问，可行文查询，被审计单位必须迅速答复，如发现各部队与机关的支付款项中有应负赔偿责任者，应呈报大总统核定之，或呈报军政部通知其主管官员限期追缴。审计机关在审完后5年内如发现有错误、遗漏、重复者，可予再审，如发现有作伪证者，虽已过5年，仍可再审。

从此，军政府的审计工作便从地方到军队全面展开，不仅为军政府财政收支的监督发挥了积极作用，也为后来的广州国民政府以至南京国民政府的审计制度奠定了基础，为整个中华民国的审计事业做出了贡献。

（五）巡回审计制度的形成与发展

巡回审计是由就地审计发展而来的。早在1913年、1914年间，民国北京政府即在各省设立了不受地方官署管辖的审计分处，作为审计处的派出机构，主持中央设在各省和各省自有的军政机关、教育和企事业单位的会计审计，开始了就地审计。1925年7月，广州国民政府《监察院组织法》则进一步规定：监察院第二局审计科得派员赴各地机关审查账目，其中广州市内各机关至少每月审查一次，广州以外各机关至少每三个月派员审查一次，已隐然具有巡回审计的含义了。

抗战爆发后，国民政府撤退到大后方。各军政机关、文教卫生和公有营业、事业单位也纷纷内迁。各机关单位为了防止日机轰炸，以利工作，大都分散在大后方各城镇，有的还留在敌后游击区。而大后方许多地方都是崇山峻岭、交通阻隔，加上战争激烈，敌机骚扰，给审计工作带来了重重困难，无法开展正常的审计工作。为此，审计部不得不派员分赴各地开展定期或不定期的巡回审计，开展对各机关单位簿籍账册、凭证、案卷的审核，并在1943年1月颁布了《审计部巡回审计实施办法》10条，从而形成了巡回审计制度。

《审计部巡回审计实施办法》主要确立了巡回审计的原则、范围、区域划定与人员配置等方针。规定巡回审计采行事前、事后审计和稽察事项同时进行的原则，并以各机关单位会计年度的全部财务为审查对象，查询各机关单位的财务制度，考察其概算与分配预算，调查其施政效能，公有营业或事业机关的营业绩效与社会效益，查核其全部会计凭证、簿籍与各有关案卷，审核其计算结算或决算的各会计报告，检查其现金与票据证券，考察其公库法的实施情况，盘查复核其财物保管与工程营缮及变卖、购置财务的情形等等。对于派有驻审人员各机关已办竣的审计案件，巡回审计时亦须复查或抽查。该“办法”将大后方一共划定了川康、陕甘、云南、贵州、湘粤桂等五个巡回审计区，每区视其审计事务的繁简而各派遣若干巡回审计小组。小组成员则由审计部的指派人员与各省审计处或派驻审计人员共同组成，每组指定一人为主任。1944年3月，审计部共向川康区派出了8个巡回审计小组，办理80个单位的巡回审计，陕甘、贵州区各派遣1个小组，各办理10个单位的审计；云南2个小组，办理20个单位；湘粤桂3个小组，办理30个单位。1945年拟派出44个小组，办理390个单位的巡回审计，但实际只派出了30个小组，审计了约300个单位。

抗日战争胜利以后，国民政府接收了大量的日伪军政机关、公有营业和事业单位以及各军需民用物资，而内迁到大后方的各机关、学校和公有营业、事业单位也纷纷复员，回归原地，从而大大增加了审计工作量。虽然这时调整了审计机关，扩充了审计工作人员，但仍适应不了这一新形势的需要，而不得不继续延用抗战时期的巡回审计制度，与各省、市审计处及驻审机构结合一起，对全国各机关单位，开展巡回审计。巡回审计小组由1945年的30个增加到1946年的35个，1947年更增至44个，先后对368个国有与各省、市地方公有的营业、事业单位展开了巡回审计。地区遍及京（宁）、沪、苏、浙、平（京）、津等20余省市。直到1948年，随着内战局势的变化，国民党控制区日渐缩小，巡回审计小组才不断减少，最后仅剩下6个，分别对南京、上海两地区的机关、公有营业与事业单位开展巡回审计。

随着巡回审计的发展和巡回审计小组的不断增多，审计系统内部事权不一和指挥失灵的矛盾也日益凸显。为了统一各巡回审计小组的操作程序，进一步明确巡回审计小组的政策界限，审计部又颁布了一系列新的巡回审计法规。这些巡回审计新法规主要有：

1.《审计部各省审计处办理中央机关巡回审计办法》。该办法规定：南京市各机关单位的巡回审计，概由审计部派员审核，南京以外的各机关单位则归其所在的各省、市审计处办理。对于5个事业单位以下的地区一般不派遣巡回审计小组，6个以上包括6个至15个单位的地区，设置一个巡回审计小组，16个至30个单位的地区设置二个巡回审计小组；30个以上单位的地区，每增加15个单位则增设一个小组。巡回审计小组每审计完一个单位即须立刻编制审计报告，经各该处长复核后呈送审计部备核。

2.《审计部及所属审计处办理巡回审计应注意事项》。该法则主要规定了巡回审计的范围、时间以及事前、事后审计、稽察的界限与审计报告的统一格式。其中巡回审计的范围包括各被审计机关的全部收支账项。审计时间：对此前已经过巡回审计的单位，则自上次审计截止之日起，对收复区内新接收的则自接收之日起，对于派有驻审人员而未经过巡回审计的单位，则自审计人员派驻之日始。其事前审计主要为预算的编制和执行，事后审计则为全部决算，稽核则盘查其现金、财物，并审核其营缮工程及购置程序。审计报告按审计部统一规定的格式编制，在审计结束返部后一个月内送达。1947 年 6 月又对该注意事项进行了新的修订，使各项规定更加简化。

3.《审计部及所属各处办理巡回审计规则》。该规则在先前各巡回审计法规的基础上又进一步做了新的补充：一是补充规定了巡回审计的对象，主要是未经派驻审计人员的公有营业、事业机关。二是补充规定新成立的公有营业、事业机关的巡回审计时间自该单位成立之日始。三是审计报告的送审程序：审计部主持的巡回审计报告，经审计室复核后转第二厅“办稿缮发”；各省、市审计处审核的中央在省公有营业、事业机关，在审计结束后须即刻将审计报告连同附件一起呈送审计部。各省、市自办的地方公有营业、事业单位的审计报告，则由各省、市审计处自行处理等等。从此巡回审计便进一步走上制度化、法制化的轨道。后来虽然国民党统治区日渐缩小，最后退据台湾，然其巡回审计的法制法规却已基本成熟。

（六）林伯渠与广州国民政府审计

林伯渠（1886—1960 年），名祖涵，字伯渠，湖南临澧人。早年入湖南西路师范学堂学习，受民主思潮影响，1904 年东渡日本留学。次年由黄兴主盟加入同盟会。1906 年回国，先在湖南长沙组织宣传革命，后去东北吉林开展革命活动。1911 年应同盟会中部总部之召，回湖南策划西路光复。二次革命时参加湖南独立讨袁，失败后流亡日本，加入中华革命党，继续从事讨袁活动。1916 年、1917 年先后参加护国、护法运动，十月革命后开始接受马克思主义，1920 年冬加入上海共产主义小组，为中国共产党最早的一批党员。以后不断参与孙中山与共产国际的联络，协助孙中山确立“联俄、联共、扶助农工”的三大政策，帮助孙中山改组国民党，曾任国民党中央党务部副部长。1924 年 1 月参加国民党一大，被选为中央候补执行委员，任中央农民部长，后递补为中央执行委员、常委、中央政治委员会委员，随孙中山北上。1925 年 7 月 1 日广州国民政府成立后，被任国民政府监察委员。国民党二大时继续任中央执行委员、中央政治委员会委员，后任国民革命军第六军党代表兼政治部主任。

林伯渠任广州国民政府监察委员虽然为时很短，至 1926 年 12 月国民党中央宣布迁都武汉时止，前后仅一年三四个月，可在这短短的时间中，却与当时同时任监察委员的黄昌谷、甘乃光、陈秋霖等，为广州国民政府的审计倾注了大量的心血，做了大量工作，为广州国民政府审计制度的建立与发展作出了巨大贡献。

第一是建立并完善了广州国民政府的审计机构。1925 年广州国民政府成立后，林伯渠等监察委员即于 8 月 1 日成立了国民政府监察院，以监察政府各机关官吏的行为，考核政府各款项的收支状况。开始时监察院下设五局和政治宣传科，旋即改为三局，外加秘书处和政治宣传科。按照《监察院组织法》第六条的规定，监察院第二局主管审计，下设审计科，负责审查各机关是否遵守有关规定，使用统一的簿记和方法，审核政府各机关的各项收支，并派员分赴各机关审查账目。其中广州市内的政府机关每月至少审查一次，广州以外的政府机关，至少每三个月审查一次。审计科在每次审计过后，必须向监察院报告审计过程与审计结果。并审查各机关的人员编制和薪俸发放，检查有无照定制发放薪俸和吃空额的现象等等。开始时审计科的编制很小，但随着审计事务的不断增加，很快扩大为五股。其中第一、第二、第三股分别主管国库收支的预算、决算审计和监察事项，第四股负责公共工程和官业生产投标的稽察事项，第五股主管国库收支统计的编订事项。从此，审计工作便从行政部门转移到了监察部门，进一步加强了审计的独立性。1926 年 10 月 4 日，国民政府修正了《监察院组织法》，规定监察院下设四科和秘书处，中间不设局。其中第二科即为审计科，直属于监察院，从而也提高了审计科的地位。

第二是与法制委员会共同拟订了一系列审计的法律法规，主要是《审计法》《审计法施行规则》和《监察院单据证明规则》，由国民政府于 1925 年 11 月 28 日同时公布施行。

《审计法》计 17 条，主要规定了审计的范围、内容、程序和方法，规定国民政府的总决算与所属各机关每月的收支计算，特别会计、官有物和政府所发补助费或特与保证之收支计算等均属审计范围。其内容主要是审计总决算与主管机关决算报告书金额是否与财政部金库出纳之金额相符；岁入岁出、公有物之买卖、让与及利用，是否与预算相符。其程序与方法为各行政机关将经常预算送财政部或财政厅审查后，呈国民政府或省政府核定再送监察院备案，经管征税和其他收入之机关，应逐月编造上月收入计算书送监察院审计，各机关亦应逐月编造上月支出计算书连同凭证单据一并送监察员审查。监察院亦可随时派员赴各机关审查账项，如有疑义可行文查讯，或径向被审计单位负责人提出质讯，被审计单位须限期或即时作出答复。该《审计法》还取消了大总统、副总统岁费和政府机密费免审的特权等。《审计法施行规则》计 18 条，主要是规定了《审计法》在施行过程中的一些具体做法。《监察院单据证明规则》计 20 条，主要对单据的使用、出据、保存和证明等一些会计方法做了一系列规定，如收支数目必须以收据凭单为证，收据必须由收款方出具，并须由收款人签名盖章。各机关单位均须备有单据粘存簿，以便粘存各项单据与附件，并编列序号，如须贴印花的，应贴足印花，等等，从而使广州国民政府的会计审计逐步走上正规。

第三是领导监察院审计科展开了一系列的审计活动。这些审计活动主要包括三个方面：一是政府的财政审计。1925 年 10 月，广州国民政府成立了预算委员会，由林伯渠、甘乃光任预算委员会委员，对各机关上报的预算案进行认真审核，然后分门别类，分别送交中央财政部和广东省财政厅，从而将广州国民政府的预算程序引上了正轨，成为制度化；然后组织审计科对中央各有关机关、省、市金库进行了审计，其中仅外交部 1925 年 7 月至 1926 年 5 月的经费和开办费就审核了支出计算与附属表、单据粘存簿各 11 本，进支经费清册 1 本，经费收支对照表 12 本，开办费的支出计算书、支出附属表、单据粘存簿和进支经费清册各 1 本。通过审计，除少数政府机关有少许问题，经发回更正后才予核销外，其余大都“收支各数尚属附合，单据亦均完备”，准予核销。二是对官吏的离任审计，先后对前大本营财政部长古应芬、会计司长余和鸿、卸任的广东筹饷总局总办韦一新、北江商运局长韦荣熙、国民政府财政部长和惩吏院主席邓泽如、代大理院长林翔和广州民产保证局长李纪堂等进行了离任审计，其中除李纪堂发现有重大的经济问题，必须作进一步的审查外，其余均未发现有重大的经济问题，准予核销。三是对公营事业单位的审计，先后审计了财政部所属印花税票印刷所、集贤合作社与广东铁路局、广九铁路、广三铁路、粤汉铁路董事局和广东省电报局，等等。通过审计帮助财政部所属印花税票印刷所和广三铁路建立了正规的财务制度，同时发现了集贤合作社与广东铁路局、广九铁路、粤汉铁路董事局、广东省电报局等单位有关人员收受贿赂、假公济私、侵吞公款等贪污舞弊的重大经济案件，及时挽救了国家的重大经济损失。

（七）民国北京政府审计机构的变迁

1911 年辛亥革命推翻了清朝，建立了中华民国，结束了统治中国达 2000 多年的封建君主专制统治，同时也开创了中国审计制度的近代化历程。1912 年 9 月，民国北京政府成立了审计处，隶属于国务院，其地位在各部之下。

审计处设总办一人，总揽全处事务，下设 5 股 17 课，后又增设两个兼职机构，审查决算委员会和簿记讲习所，一个专职机构外债室。5 股 17 课即第一股，下设秘书、议事、编纂、收发、会计、庶务等六课；第二股设二课，分掌陆军、海军两部的收支计算；第三股设三课，分别掌理外交、内务、财政三部收支账项的审核；第四股设三课，其中第一课审核教育、司法两部收支计算，第二课审核交通部收支计算，第三课审核农林、工商两部的收支计算；第五股设三课，其中第一课审查全国的岁入岁出，第二课审查地方行政官署的岁入岁出，第三课审查国债和官有财产的收支账项。外债室成立后，国债的审计便划归了外债室，各省审计分处成立后，地方行政官署的收支审核工作又划归了各省审计分处，这样第五股的审计业务仅剩下第一课了，审计处乃将此项工作划归了第三股，然后将第五股裁撤。

在审计处成立之前，全国已有 8 省，即湖北、湖南、陕西、江西、云南、贵州、广东、吉林设置了省级审计机构，只是各省审计机构的名称不一，湖北、江西叫审计厅，湖南称会计检查院，云南称会计检查厅，广东称核查院，吉林、贵州则称审计科。为此，北京政府在 1913 年初颁布了一个《划一现行中央直辖特别行政官厅组织令》，要求统一各地方的机构名称，凡各省自行设立而名称与中央机构相抵触的，则即行改正或裁撤，遭到已设审计机构各省的反对，同时，未设立省属审计机构的省份，又纷纷要求设立。审计处根据这一形势的发展，乃呈文国务院并转呈临时大总统，建议各省成立审计分处，作为审计处的下属机构，凡已成立审计机构的省份毋须裁撤，只须将名称改为审计分处即可，尚未成立的省份则迅速成立，得到临时大总统袁世凯和国务院的批准。于是已成立的各省审计机构一律改名为 ××省审计分处，未成立的则纷纷组织成立之。至 1914 年 3 月，全国除西藏、青海省和内外蒙古等特殊地区外，22 个行省均已设立了审计分处。

根据审计分处《暂行章程》的规定，审计分处直属于审计处，不受地方官署的制约，其文件报告也直呈审计处，由审计处报请国务院转呈大总统。审计分处设处长一人，总揽分处行政事务，下设三科 10 课。其中第一科即秘书科，分设秘书、编纂、收发三课。秘书课负责文件起草，并审查本省国债、地方债和官产的收支计算，以及不属于其他各课的一切事项。编纂课负责编制审核各种单据格式，各文件案卷的保管，审查中央驻省机关和地方官署岁入岁出的收支计算。收发课负责往来文件的收发。第二科分设三课，其中第一课负责省内驻军收支账项的审核工作，第二课负责审查司法部驻省以及本省司法机关的收支账项，第三课负责审查省内外交、交通各机关的收支账项。第三科分设四课，其中第一课负责审查内务部驻省机关和本省内务机关的收支账项，第二课负责审查财政部驻省和本省财政机关的收支账项，第三课负责审查教育部驻省和本省教育机关的收支账项，第四课负责审查实业部驻省和省内官办企事业单位的收支账项，并协助搞好第二课审计工作。

但袁世凯攫取了辛亥革命胜利果实以后，不断镇压革命，破坏辛亥革命建立起来的民主制度，1913 年镇压了二次革命，解散了国民党并撤消了国民党议员的资格，使国会不足法定人数，无法开会。1914 年初解散国会，随后召开政治会议和约法会议，废除了《临时约法》，制定《中华民国约法》，废除内阁制，实行总统制，设置参政院，取代国会，集行政、立法大权于一身，同年 6 月又颁布《审计院编制法》，成立审计院，取代审计处，直属于总统府，从而掌握了全国的审计监督大权。

根据《审计院编制法》的规定：审计院设正、副院长各一人，下设三厅二室一会。一会即专兼职合一的审查决算委员会，审查院长交办的各重要审计事项和各厅上交的初审报告。二室即秘书室和外债室。秘书室主管秘书事项，下设机要、会计、庶务、编译四科，分别掌管收发和文书印信的起草与职工考核、财务、后勤、外国文书翻译和案卷编辑保管与统计。外债室负责各项外债借款开支的审核。三厅则是审计院的主要业务部门，共分 12 股，每厅 4 股，即将各部从中央到地方省、道、县的工作分成 12 个系统，每股负责一个系统从上到下进行一条龙式的审计。其中第一厅第一股审查外交系统从中央到地方包括驻外使领馆财政系统收支账项和全国租税收支账项；第二股审查财政部本部和直属机关收支计算，以及全国的租税收入账项；第三股审查财政部所辖国债的收支使用与各级国库的出纳账项；第四股审查教育系统从中央到地方各级机关及其所办学校、幼稚园的收支账项；第二厅第一股审查陆军部及其所属机关、部队与顺天府、直、奉、吉、黑、晋、鲁、川、陕、新、热、察、甘等省区驻军的收支账项；第二股审理参谋部及其所属各机关与江、浙、皖、赣、闽、鄂、湘、粤、桂、云、贵等11省驻军的收支账项；第三股负责审理海军部及其所属机关、学堂、局、厂与各舰队的收支账项；第四股审查交通部及其所属机关与轮、路、邮、电系统的收支账项。第三厅第一股审查内务部及其所属机关与顺天府、直、豫、晋、鲁、奉、吉、黑、陕、甘、新等11省区内务机关、警局的收支账项；第二股负责审理江、浙、皖、赣、闽、鄂、湘、桂、蒙古、西藏、川、云、贵等省区内务机关、警局的收支账项；第三股负责审查司法部及其所属机关与各级地方司法、检察机关、监狱的收支账项；第四股审查农商部及其所属机关与各地农商系统场、所的收支账项。

（八）民国时期颁布的四部《审计法》

民国时期先后由民国北京政府、广州国民政府、南京国民政府和重庆国民政府分别在1914年10月、1925年11月、1928年4月和1938年5月颁布了四部《审计法》。

首先是1914年10月民国北京政府颁布的

《审计法》，计19条，这是以大总统“教令”的形式颁布的我国第一个《审计法》，主要规定了审计的范围、内容、程序和方法。审计的范围包括中央政府的总决算、各官署每月的收支计算、特别会计的收支计算、公营官产的收支计算、各级政府所发补助费和保证金的收支计算、各法令规定必须审计的收支计算。审计内容主要是审核国家总决算和各官署的决算报告是否与金库出纳相一致，全年的征收与支出以及官有物的买卖、让与和利用，是否与有关规定和预算相一致，有无超过预算，出现预算外支出。审计程序和方法主要采用事后送审制，规定经管征税和各项收入的官署必须逐月编造上月收入计算书，各官署也必须逐月编造上月支出计算书，并连同支出凭证单据一并送审计院审查。审计院审查后如无疑义，即发给核准状，解除出纳官吏的责任，如有疑义，得行文查讯，限期答复，必要时并得调阅证据与各相关证明书，也允许出纳官吏提出辩白，如确有问题，则通知该主管长官或予以处分或追缴赔偿。

这也是一部经国家立法程序制定的审计法律，从此便确立了审计对监督国家财政收支的法律地位，厘订了审计监督与会计监督之间的严格界限，强化了财政管理和审计监督制度。然而该

《审计法》仍然不够完备，规定大总统和副总统的“岁费”以及政府“机密”费用不在审计范围之内，这就为政府的滥支滥用开了方便之门；并规定审计院对于法令上或行政上应行改正与有关重大的处理意见，必须呈报“大总统行之”，从而也使审计缺乏必要的独立性。

大革命时期，广州国民政府也于 1925 年 11 月颁布了《审计法》，计 17 条，基本上继承了 1914 年民国北京政府《审计法》的主要内容和精神，在审计的范围、内容、程序和方法方面，制订了一系列与 1914 年《审计法》相似的规定，同时也纠正和克服了 1914 年《审计法》中的一些局限和不足之处，较 1914 年《审计法》更前进了一步。首先，它取消了 1914 年《审计法》规定的大总统、副总统“岁费”和政府“机密”费免审的特权，从而避免了一些特权人士利用职务之便滥支滥用和计划外支出的弊病。其次，在审计程序和方法上除了事后的送审以外，还规定了事前和巡回审计制度，不仅规定各行政机关应将经常预算送财政部或财政厅审查，呈国民政府或省政府核定后转监察院备案，还规定监察院可随时派员赴各机关审查账项，如有怀疑与质问，则无论任何高级官吏，应即予以圆满的答复。而且该《审计法》还赋予审计机关更大的独立性，对于负有重大赔偿责任者不是如1914年《审计法》所规定的由审计院呈报“大总统行之”，而是由监察院直接起诉于“惩吏院惩办之”，从而给贪污者以严厉的警示。不过该《审计法》的有些规定并没有完全实施。

1927年南京国民政府成立之后，也在1928年4月19日颁布了一个《审计法》，计23条。该《审计法》在继承了1925年广州国民政府《审计法》的基础上又前进了一步。第一是加强了事前审计，防患于未然，规定主管财政机关的支付命令，均须经审计院核准，而后国库才能付款，如未经审计院核准，国库一律不得付款，否则后果自负。审计院如发现支付命令与预算案或支出法案不符时，则拒绝核准，从而将问题解决于萌芽状态，以便减少损失。第二是加强了审计的职责和权限，规定审计院在审查各项决算和计算时，必须严格把关，对于一些不经济的支出，即使与预算和支出法案相符，“亦得驳复之”。第三是审计院不仅对故意违背计算书或决算报告书送达期限与审计院所定查讯答复期限的各机关，可通知其主管长官执行处分，或呈请国民政府处分之；而且可以对故意违背审计院所定的各种规则或书式的各机关，通知其各主管机关的长官执行处分，或呈请国民政府处分之。但该《审计法》又明文规定：对于国民党党部决算计算的审查，和地方审计机构成立之前的地方政府的收入支出的审计不受此法的限制，从而为国民党党部和各级地方政府官吏的贪赃枉法打开了方便之门。

1931 年审计院改组为审计部后，曾几次提出修改《审计法》而未成，直到抗日战争爆发后，在新的形势下，已宣布迁都重庆的国民政府才在 1938 年 5 月 3 日修订颁布了新的《审计法》。新《审计法》计 5 章 56 条，为民国年间最完整的一部《审计法》。其中第一章为《通则》，计 28 条，主要规定了审计机构的组织体系及其职责范围与权利。规定中央在监察院设有审计部，地方在各省和特别市设有审计处，各特种公务机关、公有营业和事业机关，如国库总库、盐务总局、四行联合总处、各铁路系统设立审计办事处等。关于审计的职责范围和权利方面，在先前各《审计法》的基础上又有所扩大和加强，如在审计职权方面，增加了“稽察财政上之不法或不忠于职务之行为”的内容，规定审计人员在独立行使其职权时“不受干涉”；审计机关在行使职权时可派员持稽察证向有关的公私团体或个人“查讯或调阅簿籍凭证或其他文件”，如遇有必要时并“得知照司法或警察机关协助”，亦可临时查封各项有关簿籍凭证或其他文件，“并得提取其全部或一部”。各机关如有违反《审计法》所规定的事项，其严重者审计机关非但可依法办理，并可拒绝核签该机关的经费支付书。第二章、三章、四章分别为《事前审计》、《事后审计》和《稽察》，分别有 6 条、11 条、8 条，各自规定了事前、事后审计的程序与方法，以及稽察的职责范围与程序方法。第五章为《附则》计 3 条，主要规定了一些需要说明的问题。

可见，1938 年颁布的《审计法》，较之以往的《审计法》，不仅内容上更加详细具体，而且设想思虑也更加周密，从而为审计工作的全面深入和有效的开展提供了法律武器，也使中国的审计制度基本定型，较过去更加完善成熟。

（九）近代审计机构的“日臻完善”

民国北京政府时期，近代审计制度刚开始建立，人们对新式的财政监督还不熟悉，不得不摸索前进，因此当时的审计机构尚属初创阶段，很不健全。1913 年成立审计处时，仅设有五股 17 课，另加审查决算委员会和外债室。其中真正在第一线开展实际审计工作的只有第二、第三、第四、第五股 11 课，实行分部包办的审计方式。

各省审计分处成立以后，其模式基本上与中

央审计处一样，分三科 10 课，实行分块分部门的包干，只是规模更小一些而已。1914 年改设审计院以后，其内部则改设一厅、二厅、三厅，外加书记室、外债室和审查决算委员会。其中在第一线开展审计业务的仍为三厅 12 股，其模式仍未脱审计处的窠臼，只是其隶属关系从国务院转移到了总统府，直接对大总统负责。其分工模式由于撤销了各省审计分处，从中央的分部包办一直延伸到地方的省、道，变成条、块结合。

孙中山领导的大元帅府大本营与后来的广州国民政府系地方革命政权，其权力仅限于广东一隅，大元帅大本营审计局（处）包括广东省、广州市和汕头市审计处，以及广州国民政府监察院审计科，其规模和机构设置更小更简单。

南京国民政府成立以后，根据国民党二届四中全会通过的国民政府组织法，于 1928 年 7 月 1 日正式成立了审计院。这时第二次北伐已初步告成，南京国民政府初步实现了全国的统一，而其社会经济尚未恢复，各项建设尚待启动，经济实力有限，所以这时新成立的审计院的规模和设置基本上与民国北京政府差不多，设有二个厅、总务处、秘书处、设计委员会和院务会议，而在第一线从事实际工作的仍为二厅 9 个科。然而，南京国民政府审计院虽然在规模和机构设置上与民国北京政府差不多，但毕竟是时代已经不同，历史已向前推进了一步，所以其分工已较北京政府时期更为先进，不是分部包干和条块结合的方式，而是按审计专业分工，其中第一厅 3 科主管事前预算审计，第二厅 6 科主管事后决算审计。由于事后决算审计任务重工作量大，所以第二厅规模大，有 6 个科。

然而就在审计院刚成立不久，政治经济形势即发生了深刻变化。政治上，1928 年 8 月召开了国民党二届五中全会，宣布军政时期已经结束，训政时期开始，通过了《训政时期颁布约法案》和《政治问题决议案》，宣布实施孙中山的“五权宪法”。为此国民政府重新修正了《国民政府组织法》，实行行政、立法、司法、监察、考试五院制。在财政经济上，1928 年 10 月成立了中央银行，并通过加入大量官股控制了中国、交通两大银行，将其变为国家银行，随后又相继成立了中国农民银行、中央信托局和邮政储金汇业局，形成了以这四行二局为核心的全国金融体制。同时也相继成立了建设委员会、全国经济委员会、资源委员会，形成了以国家资本主义为核心的全国经济体制，而审计院却沿袭了民国北京政府的模式，显然已不适应新形势的需要。为了加强对财政经济的监管力度，国民政府乃将审计院改组为审计部，一则改变了审计机关的隶属关系，从国民政府的行政体制下转移到了监察院之下，更加强了审计的独立性；同时扩大了审计部的组织机构，由审计院时代的二厅二处 13 科扩大为三厅一处 13 科和二会四室。

由于这时已改成按专业分工，所以三厅分别主管事前、事后审计和稽察，故又称事前、事后审计厅和稽察厅，各设 3 科。其中第二厅事后审计由于事务繁杂，工作量大，所以在 3 科以外，又增设了 3 个临时办公室，实际与审计院时期的 6 科相仿。一处即总务处，下辖文书、统计、会计和庶务 4 科。二会即审计会议和法规委员会。其中审计会议是一种虚设的审计会议制度，凡遇人事调动、疑难的审计案件和其他重大事务，均由审计会议讨论决定。法规委员会是审计部内部的咨询监督机构。四室即审计室、专员室、统计室和会计室。其中审计室是审计集中办公的机构。

但自南京国民政府审计院成立以后，有些省也成立了地方审计机构，如西南政务委员会设有审计处和琼崖特区审计处，湖南、湖北、浙江则有审计委员会，江苏有稽核委员会。为此，国民政府于 1932 年 6 月 17 日颁布了《审计处条例》11 条，规定审计部在各省和特别市设立审计处，中央及各省、市公务机关和公有营业机关设立审计部甲、乙两类审计办事处。其中各省、市审计处和甲种审计办事处下设四组，第一、第二、第三组分别掌管事前、事后审计和稽察事务，第四组掌理文书、统计事务。乙种审计办事处则分股办事，机构比较简单。至 1937 年七七事变前，已先后有江苏、浙江、湖北、上海、河南、陕西、广东成立了审计处和津浦铁路审计办事处。

抗日战争时期，国民政府撤退到了大后方，为了增强抗战物质基础，积极在大后方发展经济，在各地兴办了许多工矿企业。同时国民政府在撤退中，为了撤退方便，分散敌人轰炸破坏的目标，将许多国家机关和企事业单位分散到各地，有些还留在了东部敌后的游击区。而大后方许多地方都是崇山峻岭，交通十分不便，这给审计工作带来了许多困难，大大增加了审计工作的难度和任务。为了适应这一新形势的需要，审计部在审计方式和机构设置上做了相应的调整。在审计方式上，增加了巡回审计和就地审计方式。在机构设置上，大大扩充了审计部的人员编制，增加了审计、协审、稽察和各厅、处的委任人员与佐理员，同时增设了各省、市审计处和各公营企事业单位的审计办事处与就地审计室。新增加的各省审计处有：湖南、四川、贵州、云南、广西、福建、江西、安徽、甘肃等9省，盐务总局和国库总库两个审计办事处，以及国库总库所属的重庆新区中央银行支库、化龙桥中国农民银行代理公库、李子坝交通银行代理公库、小龙坎中国银行代理公库等四个就地审计办公室，后来又增加了中央银行重庆分行就地审计办公室。

从此，中国近代的审计机构基本定型。抗战胜利后，随着全国的光复和随后内战的爆发，各省审计处、公营企事业的审计办事处、就地审计室有增有减，那也只是数量上的增减，基本格局没有大的变化。

（十）中国计政学会与中国会计学社

自民国成立以后，即逐步建立起近代新型审计制度。可如何引领中国审计走上科学之路，有效地加强对政府的财政监督，使政府财政真正地取之于民用之于民，力求建立一个清正廉洁的资产阶级民主政治，并在全国建立起新型的会计制度，以此统一全国的会计系统，以适应当时新型工商经济发展的需要等等，这一切都是赋予广大会计审计工作者重大的历史使命。为此，各会计审计工作者积极开展了会计审计的学术研究。于是自20世纪30年代开始，各会计审计学术团体便应运而生，而成立较早并在国内具有较大影响的便是中国计政学会与会计学社。

中国计政学会成立于1933年5月14日，是一个以“研究计政学术，促进计政改良为宗旨”的群众学术团体。其主持人杨汝梅（1879— ），湖北随县人，早年留学日本东京高等商业学校，清末曾任度支部主事。北洋政府时期历任制用局会办、审计处主任审计、审计院首席审计、第一厅厅长等职。南京国民政府成立后历任审计院审计、主计处主计官兼岁计局副局长、局长。抗战时期任高等考试再试典试委员，抗战胜利后任邮政储金汇业局监察委员等职，为著名财政、审计专家。著有《近代各国审计制度》《论审计制度》《近代商业簿记》《民国财政论》等。其会员大都是曾在大学或专门学校毕业，对计政学术“素有研究者”，或曾任计政事务两年以上，“富有经验者”以及著有计政学术专著，对计政学术发展作出了杰出贡献者。实际许多都是各计政机关的计政人员、各会计师事务所的注册会计师和各大学教授、副教授，与国家计政机关有着密切的联系。

除杨汝梅外，常务理事王昉为审计部第一厅第三科科长。理事卫挺生为著名经济学家，曾历任燕京大学、朝阳学院、中央大学、中央政治学校教授，中国银行总管理处秘书，国民政府财政部和关税署科长，时任国民政府立法委员，主计处顾问，高等考试财政、会计主任典试委员。陈长蘅为国民政府财政部秘书、立法委员、朝阳学院与英士大学教授。候补理事吴大钧为国民政府主计处主计官兼会计局长。干事杨泽章为主计处主任秘书，王玮为经济部会计长等等。其成立大会即在黄埔路励志社内举行，抗战时期其会址也长期设在主计处内。

在杨汝梅的积极推动和组织下，中国计政学会的学术活动十分活跃，曾编译多种计政学术丛书，举办过多次学术报告会，组织调查研究，开展计政方针政策的设计与实施研究，编发计政学术刊物等。至 1939 年，中国计政学会已出版各种计政丛书、丛刊 44 种，其中主要有杨汝梅的《二十三年以来吾国中央及地方财政之概况》《对于国营事业审计制度之改进意见》《改良统一会计登记制度实例》《美国政府总会计师实例》《现代国家财政的社会经济机能》，吴英豪的《中国铁道会计中之资产折旧问题》、丁宇学的《政府会计学提要》、陆善炽的《现金会计之详细审查法》《成本会计纲要》、蒋明祺的《合署办公与集中购买》、黄文衮的《会计制度设计之研究》、张汉卿的《政府审计述要》等等。在杨汝梅的积极推动下，中国计政学会发展很快，由开始时的160余会员，1934年即发展到463人，1935年增至765人，1936年增至968人，到抗战时期的1938年11月时，已增至1197人（一说1120人）。抗战时期迁至重庆，曾遭到日机轰炸，惨遭严重破坏，许多文件材料散失。后随着战事日益紧张和会员分散各地，地址不明，理事不足法定人数，无法正常开展活动，虽由杨汝梅艰难撑持，并将会址迁至主计处内，然会务日渐衰落，最后便完全停止了活动。

中国会计学社是1934年11月18日成立于南京的又一重要的会计审计学术团体，会址设在南京蓝家庄5号，负责人为赵棣华、林襟宇。

赵棣华（1895—1950年），江苏淮阴人。早年毕业于美国西北大学商学系。回国后先在东南大学任教，南京国民政府成立后历任国民党中央组织部统计科主任、中央党部总务科主任，1935年当选为国民党中央候补执行委员。抗战时期历任第二战区经济委员会主任委员、交通银行总经理、国民党中央财务委员会副主任委员。抗战胜利后当选为全国银行联合会主席。1949年赴台湾主持交通银行迁台事宜，1950年病逝于美国。林襟宇，浙江永嘉人，早年毕业于美国纽约大学会计学系，回国后曾任中央大学商学院会计科主任、副教授，国民政府审计院、审计部审计，审计部第三厅厅长，著有《中国审计制度》等书。

中国会计学社以“研究会计学术，改进会计事务，砥砺会计人格”为宗旨，以冀集合全国会计专门人才，开展会计学理论与应用技术研究，改进会计制度，协助国民政府推进主计制度的建设。其社员以著名会计专家、学者为主，如一些会计师事务所的著名注册会计师潘序伦、徐永祚、奚玉书、李鸿寿、江万平、顾洵、钱乃澄、安绍芸、陈文麟等；国民政府中一批专家学者型的会计审计官员，如主计处岁计局副局长杨兆雄、交通部会计长陆荣光、司法院会计长朱干青、审计部协审、审计、总务处长，后任湖南省审计处长的雍家源、湖南省政府会计长李耀西、四川省政府会计长尤玉照和后来任重庆市审计处长的著名审计专家蒋明祺等；以及一些大学的会计、经济学教授和银行经理、副经理等。学社的学术活动以举办会计学术报告会、编译出版会计学术书刊、举办会计补习学校为主，对推动会计学术研究，改进会计制度，培训会计人才发挥了积极作用。

然而由于学社的入社门槛较高，加上其负责人尤其是赵棣华进入政界，忙于政务而日渐疏于社务，致使中国会计学社发展较慢，至 1936 年年底才有社员 63 人。至抗战时期中期，其社名已从国民党中央社会部的《全国性特种社团一览表》中无形消失。

（十一）1947年黄金风潮案审计

抗日战争胜利以后，全国人民刚刚摆脱日本帝国主义侵略的炮火，蒋介石又迅即发动内战，将全国人民推入新的战火，使抗战时期已经形成的通货膨胀犹如脱缰的野马，狂飙不息。法币的发行额急增，由1945年8月的5569亿元，迅速上升到1947年2月的48378亿元。

为了遏制通货膨胀，弥补巨额的财政赤字，时任行政院长的宋子文在征得蒋介石同意后，决定利用抗战时期积存和抗战胜利后“劫收”来的大量黄金向外抛售，以吸收社会游资。然而大量抛售黄金非但没有遏制住通货膨胀，反而使库存黄金告罄，国库空虚；而且官商勾结，投机倒把，刺激了物价狂升，广大民众苦不堪言，怨声载道，一部分国民党官僚也乘机弹劾。蒋介石不得不宣布停止抛售，并命令彻查此案。审计部即派审计人员王诗敏、狄梦奎等督同上海市审计处对此案展开调查审计。

自然，在当时国民党官官相护的情形下是很难展开彻底调查的，但即使是不彻底的调查审计，也发现了这次黄金风潮案中许多惊人的黑幕。首先，这次抛售黄金收回的许多都不是现款，而是大量的抵价票据，根本没有收到回笼货币的效应。如1946年6790亿元的售金价款中，竟有4812亿元为抵价票据，超过了售金款额的三分之二，不仅使国家蒙受了巨大的经济损失，且严重违反了央行黄金交易程序。如此巨额的抵价票据，显系央行人员失职，亦为官商勾结作弊的凭证。其次，1947年1月4日至2月15日央行配售黄金的登记账目与各代理行号不一致。同丰余、泰康润、杨庆和发记三家代理商的账面共计收售黄金35610条，而央行账面只有33787条，短少了1823条，计价70亿元，不知去向。三是在各代理行号的账上记录有央行40余名人员参与黄金买卖的事实。其中同丰余的账上即列有王松涛、王元清、中央役、中央友、中央员、中央职等十余名央行人员。1946年同丰余即收入央行这十余名人员售金现款4559万元，票据2.1亿元，支付购金现款2864万元；1947年收入售金现款8385万元，票据1.1亿元，支付购金现款4647万元。其中尤以王元清、王松涛两人为最多。而央行人员直接参与黄金买卖，显系违法。

央行抛售黄金是通过上海金业和银楼业两业公会转销的，具体则是由同丰余、泰康润、大丰恒三家金号和方九霞昌记、杨庆和发记两家银楼业代理，其中同丰余为总代理商。然而进一步的调查却发现：同丰余的资本只有1500万元，泰康润的资本最大，也只有2400万元，大丰恒资本1000万元，方九霞昌记910万元，杨庆和发记960万元。这些在通货恶性膨胀的年代都是微不足道的，且大都是在金价波动时成立起来的黄金投机商，尚未在上海市社会局登记获准从事黄金交易。以如此微小的资本，且无黄金交易的资质，竟能充当中央银行数百万两黄金生意的中介代理商，其奥妙何在？

原来中央银行的总裁贝祖诒是苏州人，曾历任中国银行广州、上海分行经理、副总经理、总经理，抗战胜利后任中央银行总裁。其兄贝润荪是第一次世界大战时期发了大财的颜料大王。同丰余金号经理詹莲生亦为苏州人，且系贝家亲戚，早年系贝润荪颜料生意上的经纪人。贝祖诒当上了中国银行上海分行经理以后，詹即转入上海金交易所从事黄金投机生意，依靠贝为后台，逐渐在金业界形成势力，在黄金价格波动时期开办了同丰余金号，并当上了上海金业公会主席，又通过贝的关系进而成了中央银行抛售黄金的代理商。其余四家则是由詹莲生拉来的。每天上午各代理商将两业公会各商号所须购进的黄金数额汇总交詹，由詹向央行业务局提出申请，经核准后交库房按数发售。与詹具体联系的是央行业务局的正副局长林凤苞和杨仁安，而林、杨二人则是贝祖诒的心腹亲信。所以由同丰余经手转售的黄金也最多，约占央行全部抛售黄金的55%以上。其经销的利润即以三分计算，亦当在13.5万两以上。

此外，詹莲生还总揽了转售黄金改铸的业务。原来央行库存黄金都是400两一锭的大金块，而当时市场上营销的都是10两一锭的小金条。这样央行在转售黄金之前，首先必须将这400两一锭的大金块改铸成10两一锭的金条，而这一改铸工作也由詹莲生全部承揽了下来。当然，作为同业公会主席的他，不能将这丰厚的利益一人独吞，也必须给其他会员金号分享一杯残羹剩汤，但毫无疑问他自己必然侵占了其中的绝大部分。而央行规定改铸者可获每条3分的火耗，仅此一项每天就有240两的进账，全年当有八九万两之多。此外还有成色上的弄虚作假，在黄金市场上下其手，操纵市场，暗中囤积等等。据当时在上海金交易所投机失败而破了产的一名金号商人揭露说，詹莲生在这一年中起码攫取了国家10万多条（100多万两）黄金的赀财。自然他也必须上下打点，央行的各级官吏也都分得了不少余利。

此案一经公布，立即轰动了全国。在全国人民一片的谴责声下，宋子文被迫辞去行政院长职务，调任广东省政府主席。贝祖诒被免去中央银行总裁职务，詹莲生被判处12年徒刑，林凤苞、杨仁安各判7年徒刑。

（十二）奚玉书与公信会计师事务所

奚玉书（1902—1982年），我国近代著名会计师、慈善家、会计学家，上海人。1922年复旦大学商学院会计系专科毕业，应聘任上海承天中学职业高中部商科会计教师，后赴苏州入东吴大学研习法学，深谙各法学理论和律法知识。

1927年南京国民政府成立后不久，他即呈文国民政府财政部，申请注册登记会计师，获准领取了南京国民政府第一号会计师证书，旋即加盟由俞希稷创办的公平会计师事务所，开始执业会计师工作，同时加入上海会计师公会。此时适值上海会计师公会改组，他对上海会计师公会的活动和组织规程提出了一系列改进意见，深受广大会员的赞许，乃被选为常务理事。就在他执业会计师事务后不久，得知上海华安人寿保险公司正聘请美籍大美会计师事务所担任会计顾问，并为其常年查账，便立即找到华安公司的经理，向其晓以民族大义，建议改聘中国会计师担任此项工作，以维民族尊严而重国家权利。华安公司经理听后深受感动，决定加聘奚玉书为该公司会计顾问，并委托公平会计师事务所为其常年查账。从此他在会计界声名大振，成为著名的会计师。为此1930年上海商业储蓄银行改组时，他被聘任为总行经理。

1933年夏，他鉴于当时全国已先后成立了上海、平津、广东、武汉、浙江、九江、南京、山东等8个省市的会计师公会团体，为了加强各会计师公会之间的联系，维护全国会计师的共同利益，他联合了谢霖、闻亦有等一些著名会计师发起成立了全国性的会计师公会团体——全国会计师协会，并被选为常务理事。

这时奚玉书虽然已担任多个重要的社会公职，公务繁忙，社会地位也大大提高，但仍不忘社会公益事业，热忱为广大会计师服务，热心会计工作。一则他利用自己比较了解法律法规的有利条件，积极参与了一系列章程法规的厘订和修订，如《全国会计师协会章程》《会计师公费标准》等等，同时在1935年应聘任诚明文学院商学系主任。1936年，公平会计师事务所实行改组，俞希稷辞去了主任会计师职务，他接管了该会计师事务所，并将其更名为公信会计师事务所，自任主任会计师。

1937 年上海“八一三”抗战爆发后，他积极参与抗战活动，并以其会计师的身份积极为上海民众服务。上海沦陷后，他还积极参与组织了上海难民协会，发动各界捐助，救助了许多难民。

1941 年太平洋战争爆发后，日军进驻上海公共租界，开始筹建公共租界的伪政权。日军鉴于奚玉书在公共租界的信誉和威望，乃聘任其为公共租界的伪董。这对于一向热爱祖国，维护民族利益的奚玉书来说自然不能接受，便趁日本人一不留神，即悄悄地离开了上海，潜赴国民政府的陪都重庆，因而受到国民政府的高度赞扬。在 1942 年 7 月和 1945 年 4 月，先后被举为第三、第四两届国民参政会参政员，并任第四届驻会委员。

抗战胜利后回上海，他历任上海市政府首席顾问、上海市政协会理事长、上海市体育协会理事长、全国体育协会理事长、全国会计师公会理事长、全国残废医院理事、上海市医务委员会主任委员、华洋义赈会主席、公济医院董事长、仁济医院常务董事、光华大学、诚明大学常务董事以及其他多种慈善机构的领导职务。1947 年 3 月，被举为宪政促进委员会常务委员，1948 年被举为立法院立法委员，不久即离沪定居香港，1974年移居美国。晚年致力于中医针灸研究，1982年3月病逝于美国。

公信会计师事务所自1936年改组成立后，在奚玉书主持之下，高举爱国主义旗帜，坚持会计师的职业道德，不断提高服务质量，获得迅速发展，常年客户即有一百多家，其中许多都是国内外知名企业。抗战时期在重庆开办了分所，成为与正则、立信、徐永祚齐名的上海四大会计师事务所，集中了诸如马士佳、吴沪生、沈维经、张赓麟、陈宗舜、陈超崙、曹裕等一批著名会计师；还出版了《会计月刊》，创办有公信会计夜校和会计补习学校，并创办有公信会计用品社，印刷发行新式会计账册，为近代新式会计制度的推广形成，作出了杰出贡献。

（十三）潘序伦与立信会计师事务所

潘序伦（1893—1985年），我国近代会计学奠基人之一，著名会计师，会计、审计学家和会计、审计教育家。字秩四，江苏宜兴丁蜀镇人。1911年入南京法政学堂经济系学习，未几该校停办，考入南京海军军官学校无线电讲习班学习，结业后至海圻号巡洋舰任无线电收发报员。1921年考入上海圣约翰大学学习，1923年以全班第一名的成绩毕业，得南洋兄弟烟草公司资助留学美国，先后获哈佛大学企业管理硕士和哥伦比亚大学哲学博士学位。1926 年回国，任东南大学上海商学院教务主任兼会计系主任、暨南商学院院长。次年辞去两校教职，创立潘序伦会计师事务所，1928 年改名为立信会计师事务所。1930 年加入刘大钧等人创办的中国经济学社，任常务理事。同年底，南京国民政府开始筹设主计处，被聘为筹备委员，次年 3 月主计处正式成立时，任主计处主计官兼会计局副局长。

1937 年春，为培养高级会计人才，乃以立信事务所为基础，筹办会计专科学校，直到 1939 年才在重庆正式成立，自任校长。抗战胜利后随立信事务所总部迁回上海。1946 年 6 月，应王云五之邀，任南京政府经济部常务次长，1947 年兼任全国经济委员会委员。新中国成立后学习苏联模式，1952 年院系调整时，立信会计专科学校并入上海财经学院。从此，潘序伦即潜心于会计学术研究，翻译苏联、美国等国的会计著作。1961 年加入中国民主同盟，1977 年任上海市政协委员。1979 年上海会计学会成立时，当选为理事、顾问，并被聘为中国会计学会顾问。1980 年上海立信会计专科学校复校，任名誉校长。1981 年 1 月，上海会计师事务所成立，任董事长，直至去世。

潘序伦于1927年7月在上海爱多亚路创办潘序伦会计师事务所，次年为树立“信用为首”的信誉，取孔子“民无信不立”之意，改名为立信会计师事务所，并以“信以立志，信以守身，信以处世，信以待人，毋忘立信，当必有成”为宗旨，作为全体员工立身处世的信条，从而使立信会计师事务所很快获得广大客户的信赖，迅速发展，至抗战爆发前，已发展至拥有50余名员工，其中包括王逢辛、王澹如、许敦楷、李文杰、李鸿寿、张惠生等数十名国内著名会计师，与正则、公信、徐永祚等同为上海四大会计师事务所，10年间已承办各种会计、审计业务4000余件。其机构设置有总务、计核、文书、信托、法律、编辑等六科和会计补习学校。抗战期间和抗战胜利后，获得了进一步的发展，业务遍及全国各地，在香港和南洋都有一定的影响。

为了开展会计、审计学术研究，介绍西方新式会计理论和簿记方法，提高广大会计工作者的理论水平和工作效率，立信会计师事务所还特设编辑科，潘序伦自任主任，编译出版“立信会计丛书”和各种会计、审计著作。抗战时期还创办了立信会计书社，后改名为立信会计用品社，20

世纪 40 年代末又专设立信会计编译所，编辑出版各种会计、审计新书。据统计，至 1949 年已出版立信会计丛书达 500 余种。其中尤其是立信会计教科书和立信财经专门丛书影响最大，深受各界人士的欢迎。此外还创刊《会计季刊》，后相继更名为《立信会计季刊》《立信会计月报》，成为潘序伦等会计改革派与改良派论战的舆论阵地。

潘序伦在工作之余还潜心进行会计和审计学术研究，创作和翻译了大量的学术专著、译作和论文。他的这些著作主要有：《高级商业簿记教科书》《会计学》《各业会计制度》《政府会计》《审计学》《股份有限公司会计》《成本会计》，等等。他的这些著作主要全面论述了西方的借贷复式簿记理论和方法，认为这种借贷复式簿记方法是一种比较科学而又完善合理的记账方法，具有一定的账户分类，统一的账簿组织和一定格式的账表，远较中式簿记先进，且其基本原理已通行于世界各国。他提出为使中国的社会经济融入国际大家庭，在会计簿记方面必须全面改革，建立健全新式会计制度，彻底改变会计制度落后的面貌。为此他反对徐永祚等人提出的对中国会计制度的点滴改良，提出改良只能作为迈向世界的一个步骤，迈向世界必须一步步走，但不能作为终极目标，终极目标必须是全面建立新式会计制度。现在看来他的这些观点是比较正确的。

（十四）林云陔与民国审计制度

林云陔（1881—1948 年），原名公兢，字毅公，广东信宜人。早年入高州海山书院学习，1909 年考入广州广方言馆学习外语，加入同盟会，投入民主革命运动，曾创设兴学馆作为革命机关。1911 年 4 月参加广州黄花岗起义，负责转运军械事宜，起义失败后曾护送朱执信出险。辛亥革命时领导发动高州起义，光复后成立高雷军政分府，任军政分府都督。南北和议达成，孙中山辞去临时大总统，推荐并选举袁世凯为中华民国临时大总统，建立了以袁世凯为首的北洋军阀政府的统治。他即辞职，赴美国纽约入圣乔斯大学研习法律、政治。1918 年学成归国，历任《建设》杂志编辑、孙中山大元帅府秘书兼土地登记局长、广东教育杂志社长、孙中山大本营金库长兼广西银行行长、中央银行行长、高等检察厅检察长、财政部次长兼盐务署署长、广州特别市市长兼广东省政府委员、中山大学校长、广东省政府主席、西南政务委员会常务委员、蒙藏委员会委员长、国民党第三、四届候补中央监察委员、第五、第六届中央监察委员。1936 年 8 月调任审计部长，直至1948年10月病逝，为民国年间任职最久的审计部（院）长。

民国年间，林云陔就任审计部长后，为了加强对国家财政收支的监督审核，对审计制度进行了一系列改革，以使审计制度更加缜密。首先在人事上打破了陕西籍人氏对审计部的掌控。1928年国民政府成立审计院时，即任命于右任为审计院长，茹欲立为副院长。后审计院改组为监察院下之审计部时，于右任改任监察院院长，茹欲立为审计部长。未几，茹欲立辞职，又先后以李元鼎和陈之硕为部长、代部长，王正基为政务次长。而于、茹、李、陈、王五人皆陕西人，他们为了便于工作即大量延聘陕西籍审计、会计人员来部（院）工作，从而使陕西籍人士布满了审计部的各部门。1934年，审计部278名在职人员中，陕西籍人士即达101名，占全体人员的三分之一以上，而且占据了许多主要职位，从部长、政务次长、常务次长到各厅、处、科等31个重要职务中，陕西人即占有13席，亦占三分之一以上。当然，大量地聘用同乡同学有利于工作，但也容易产生帮派和山头，容易滋生腐败，一旦审计部产生腐败，危险性就更大。为此林云陔上任以后，就首先打破了陕西籍人士对审计部的控制，在人事上做了一系列调整，以刘纪文为政务次长，王籍田为常务次长，蔡屏藩、何启沣、胡继贤分别为第一、二、三厅厅长等等，从而使陕西籍人士在审计部的势力大大削弱。至1941年陕西籍人士已降至29人，与此同时四川籍人士却增至27人，当然广东籍最多达45人，而江苏、安徽、湖南、浙江等省也都有10—20人，也都占有一定的比例，从而使审计部人员的省籍关系基本上保持了平衡。

林云陔就任后还修订和厘定了大量的审计法规，使审计法规更加齐全缜密。其中仅《审计部组织法》就先后修订了四次，并重新厘定了《审计法》和《审计法施行细则》《公有营业及公有事业机关审计条例》厘定并修正了《稽察各军民机关营缮工程及购置变卖财物办法》《审计部巡回审计办法》《审计部暨所属各处办理各机关就地审计事务规则》等，以及审计部内部各厅、处的办事、管理细则、规章制度不下二三十个。

全面设立了各省审计处和各公营事业单位的审计办事处。虽然早在1929年监察院即提议各省、市设立审计处，但直到1932年国民政府才正式公布《审计处组织法》，至1935年2月也才先后成立了江苏、湖北、浙江、上海四省市的审计处和津浦铁路审计办事处，并开始筹备河南、陕西、广东三省审计处，林云陔上任后即很快完成了这三省审计处的成立程序，并正式成立。抗战爆发后，在炮火纷飞的战争环境下，他又继续增设了湖南、四川、贵州、广西、福建、江西、安徽、甘肃、云南等9省审计处和盐务总局、国库总库两个审计办事处，以及国总库所属各单位的就地审计办公室。抗战胜利以后，他一面继续成立重庆、青海两省市的审计处，实施了江苏、浙江、安徽等各收复区审计处的复员，同时又在山东、河北、山西、台湾、辽宁、吉林等省成立了审计处，并成立了西北铁路、西南铁路、浙赣铁路，平汉铁路，京沪杭涌铁路和中国纺织建设公司等6个审计办事处，从而完全奠定了民国时期的审计规模。

审计方式也有了变化，在抗战以前送审制的基础上，抗战期间又建立了巡回审计和就地审计制度。抗战爆发后，各机关纷纷内迁分散在大后方各省，往往一个机关就分散在几个地方。且大后方大都是崇山峻岭，交通阻隔，这给送审带来了极大的困难。为此，林云陔采用了巡回审计和就地审计的方式，派遣审计部和各省审计人员对各单位实施巡回审计，驻有审计办事处和审计办公室的单位实行就地审计，抗战胜利后并继续延用，从而使审计工作在国统区范围内得以继续全面展开。

1948年10月3日，在审计部的一次工作会议上，林云陔突发脑溢血病逝，他是民国时期少有的病逝在工作现场的高级官员，亦可谓是鞠躬尽瘁了。

（十五）于右任与南京国民政府的审计

于右任（1879—1964年），原名伯循，字诱人，陕西三原人，举人出身。早年因宣传反清革命而被清政府下令缉拿，遂逃至上海教会学校震旦学院进行学习，参与创办复旦公学（复旦大学前身）和中国公学，并任两校国文教员，借课堂宣传革命。1906年赴日本考察新闻，结识孙中山，加入同盟会。次年回国相继创办《神州日报》《民呼日报》《民吁日报》《民立报》，宣传革命，并任《神州》《民呼》《民立》三报社社长。中华民国南京临时政府成立后，任交通部次长。于右任在袁世凯攫取临时大总统后辞职回沪，继续主持《民立报》事务。1918年任陕西靖国军总司令。1922年参与创办上海大学，并出任校长。国共合作时期积极支持孙中山联俄、联共、扶助农工三大政策，相继出席国民党一大、二大，均被任命为中央执行委员。1926年出席冯玉祥五原誓师大会，代表国民党中央向冯授旗，并任国民联军副总司令兼驻陕军总司令、陕西省主席。1928 年 2 月，在国民党二届四中全会上当选为中央执行委员会常务委员、国民政府常务委员、军事委员会常务委员。国民政府设置审计院后，他即被任命为审计院长，然后即以原金陵道署为院署，聘任徐永祚、闻亦有等 17 名会计专家为设计委员，着手筹建审计院。

另外，于右任还精通书法，尤擅草书，首创“标准草书”，被誉为“当代草圣”“近代书圣”。

在筹建审计院工作中，于右任首先修正了刚刚颁布的《审计院组织法》。修正后的《审计院组织法》共 17 条，明确规定审计院设在国民政府所在地，直属于国民政府，负责监督国家各机关的预算执行和全年收支决算，必要时得设立审计分院以审核地方和所在单位的预决算。审计院设院长一人综理全院事务；副院长一人，协助院长综理院务，内设二厅二处：其中二厅分别负责监督审核预、决算的执行；总务处掌理文书、会计、庶务事宜；秘书处负责办理院长、副院长交办事宜。各厅、处均分科办事。审计院内设审计 8—12 人，协审 12—16 人，核算员若干，并规定了审计和协审的任用资格，还规定了院长、副院长、审计、协审非经法院判决剥夺公民权或依惩戒法惩戒处分者不得撤职。他们在任职期间亦不得担任其他职务，修正后的《审计院组织法》较原法更加具体明确，从而初步奠定了南京国民政府时期审计机构的组织基础。

1928 年 4 月 27 日，审计院举行就职典礼，于右任宣誓就职。他在誓词中说：“余将恪守总理遗嘱，服从党纪，奉行国家法令，忠心及努力于本职，并节省经费。余决不雇佣无用人员，不营私舞弊及收受贿赂，如违背誓言，愿受本党极严厉的处罚。”同时任命茹欲立为副院长，贺世缙、王士铎、王培等 10 人为审计，其中王培、贺世缙分别兼任第一、第二厅厅长，王士铎兼任总务处长。7 月 21 日任命林景、曾道为审计院秘书，仇满扬、王籍田、雍家源等 10 人为协审；随后又任命了各科科长，设置了审计院务会议和设计委员会，将审计和协审分配到各厅办公。至此审计院基本建成，9 月 1 日正式办公，开始核签各项支付命令。

然而就在审计院刚开始办公不久，10 月 8 日国民政府即宣布重新改组，按照孙中山五权宪法的精神，分别成立行政院、立法院、司法院、监察院、考试院。其中监察院行使弹劾、审计职权，审计院改为审计部，具体执行监察院的审计事务。1930 年 11 月，于右任当选为监察院院长，次年 2 月 2 日正式就任，2 月 21 日审计院亦改为审计部，直属于监察院，由茹欲立任审计部长。

自1928年2月至1931年2月，于右任任审计院长前后虽只有3年时间，但基本完成了审计机构的重建，并颁布了《审计法》《审计法施行细则》《支出凭证单据证明规则》等一系列审计法规，基本奠定了南京国民政府时期的审计体制，特别是确立了南京国民政府时期依法审计，忠于职守的部（院）风。虽然他后来改任监察院长，但仍然是审计部的顶头上司，主管审计部，一贯支持审计部的工作，直到1949年南京政府垮台，对审计工作发挥了重大的积极影响。如1932年蒋介石准备对苏区发动第四次“围剿”时，要财政部给其南昌行营拨发一笔巨额的“非常经费”，审计部长茹欲立拒绝在财政部的支付命令上签字。他认为国库开支应通过国家预算的正常渠道，不可利用个人特权任意开支，这不仅扰乱了国家财政秩序，也不符合法制国家的立法精神。这可惹恼了蒋介石，不仅直接向茹欲立施加压力，并向于右任施加压力，要于去做茹欲立的工作，因为于右任不仅是茹欲立的顶头上司，两人还是同乡同学。其实无论茹欲立在拒签之前是否与于右任商量过，对于茹的这一拒签行动，于右任肯定是持完全支持的态度。所以两人为了躲避蒋介石的压力，便不约而同地相继躲到了上海。此后不久，茹欲立即辞去了审计部长的职务。

（十六）1946年的广东公务员冲砸审计处事件

1946年4月12日，爆发了一场广东省公务员冲砸广东省审计处的严重事件。它表面上虽然表现为公务员为反对所谓的“克扣薪俸”而爆发的自发群众运动，但实际上却是由广东省政府在暗中唆使发动的，为广东地方政治集团反对中央审计制度的一次“有计划、有准备之举动”。

抗日战争胜利以后，在全国一片混乱的“接收”腐败风中，广东省政府也多次违反财务制度，不经上级审批即乱支滥用各项财政经费，表现出严重的不法行为。如广东省政府公然违反国民政府颁发的《限制国家支出调整机构办法》的规定，未经报请中央审批，即擅自成立琼崖办事处，且自1946年1月21日起，未做任何预算规划，即擅自发放经费307.5万元，员役生活补助费2613万元，工作人员赴任的交通费400万元。广东省政府秘书处违反该机构组织法的规定，额外设置了参事、编译、技术、法制等办事机构，且人员编制十分臃肿，设置了许多较高级别的荐任人员，光服务人员即100多名，超编的秘书6名。广东省公路处违反财务制度，将其主管下的不可移作他用的专项基金——巨额养路基金，任意挪作该处办公费，而且以配合复员工作为由，增加了编外工作人员60名。此外，广东省建设厅还乱支了由该厅代为保管的别项经费3000余万元专款，卫生处则虚报了医药补助费28万余元等等。对于广东省政府的上述违规行为，广东省审计处都一一拒签，要求改正，并追缴乱支滥用了的款项。这样，自1945年抗日战争胜利以后约半年时间里，广东省审计处已累计拒签该省各机关不法不当支出达7000余万元，从而严重地打击了广东的地方势力，并在一定程度上遏制了他们的舞弊行为。

虽然这些都是广东省审计处依法行事，职责所在，但仍然引起了广东地方政府的强烈不满和反对。他们便暗中煽动一些不明真相的省级机关公务员，以维护公务员福利的名义，成立所谓的公务员福利协进会，以与省审计处相对抗。而当时正处在恶性通货膨胀、物价飞涨的时候，包括基层公务员在内的广大民众生活十分困难，迫切希望改善并提高自己的生活。所以广东省政府的这一举措，正迎合了一般基层公务员的心理，便纷纷加入公务员福利协进会。1946年4月12日公务员福利协进会召开成立大会，并在随后的记者招待会上把省政府乱支滥用的那些不法不当的支出，都说成了增加公务员的福利，把审计处执行的《公务员支给薪俸限制办法》说成是“一意孤行，影响民生”。并无中生有地造谣说审计处又要克扣削减他们的薪俸了，从而引发了广大公务员对省审计处的不满与反对。其实省政府这些乱支滥用的不当支出大都流进了各级官员们的腰包，即使有一些表面上用来增进公务员的福利，那也是微乎其微，少得十分可怜。可广大公务员不知道，在一些别有用心的人的挑动唆使下，参加福利协进会的1000多名公务员便冲进广东审计处的办公室，一面高呼“打倒审计处”“打倒审计制度”的口号，一面不顾一切地捣毁档案文卷、办公用品、门窗桌椅等物品，并气势汹汹地严词责问审计处负责人，为何“克扣削减”他们的薪俸？行政院已授予收复区各省市政府用人行政及支用经费之大权，又为何不完全遵照省政府的意见办理？省务会议通过的决议案为何还要拒签？等等。

对肇事方的种种责难，审计处负责人也都予以严肃回击，指出审计处在《公务员薪俸限制办法》和按《考铨法》核签之外并没有任何“克扣薪俸”之举，这肯定是一些别有用心之人恶意造谣，挑拨事端；行政院授予了收复区各省市政府用人行政及支用经费之大权，但这不等于可以不按法规随心所欲地任用私人和随意开支，还必须遵照国家行政法规办事；审计处是审计部派遣的下属机构，不是省政府的机关，必须一切都按审计部的规章办事而不能听命于省政府。此后福利协进会又在各大报刊发表了许多攻击审计处和审计制度的言论。审计处也随即发表声明，指出审计处对审核案件悉以法令为依据，从未也决不毁法迁就；驻在各机关的就地审计人员对于驻在机关的不法不当支出，亦必依法拒签，各项行事悉循法令，无隙可乘。

此次事件，从福利协进会成员所提出的这些问题来看，明眼人一看便知是省政府所组织发动或幕后指使的。而且在事发过程中省政府也始终没有出面加以制止或予以约束。所以审计处随即也在声明中明确指出："此次事件为有计划有准备之举动，目的是为打击审计制度。"随后广东省审计处即向审计部汇报了这次事件的经过，并明确指出这是一次蔑视国法对抗审计的非法行为。国民政府对这次事件也高度重视，并表示了对当事人及有关责任人予以严厉惩处的态度。然后在国民政府政务官惩戒委员会第62次会议上，通过讨论一致赞同，给予广东省政府主席罗卓英以申戒处分，广东省政府顾问陈恩成等 16 人各记过一次，并立即将这些处分决议函传达本人，同时还登录国民政府公报，予以通报批评。

附录：可喜的研究成果——评蒋大鸣的系列文章《中国审计史话》（先秦、秦汉时期）[①]

方 宝 璋

《中国审计报》从 2001 年 1 月至 2002 年 3 月，在本版陆续刊发了南京审计学院财政学系系主任蒋大鸣教授撰写的 11 篇中国古代审计史方面的系列研究文章，从远古先秦时期中国审计的起源，一直写到东汉时期“上计”中的审计活动。蒋大鸣教授的系列文章，把这一时期中国审计史的研究向前推进了一步，取得了可喜的成果，并为《中国审计史话》这一栏目的继续连载开了一个好头。

写中国古代审计史难，写中国古代审计的起源更是难上加难。因为这里涉及一个非常棘手的问题，就是从理论上对古代审计的界定。对此，

① 本文原载《中国审计报》2003 年 1 月 22 日“学习周刊”第 6 版“中国审计史话”。

作者采取了为大多数学者所能接受的三条标准，即作为成形的、完整意义上的审计，无论是古代、近代还是现代，都应具备这样三个共同特征：一是监督检查的对象应是财政财务收支，对国家审计来说，就是监督国家财政收支；二是以检查账目为其基本手段之一；三是进行监督的机构或人员应当相对独立于财政财务管理机构。如果某项活动仅具备其中的一点或两点，只能将其看作审计的萌芽、雏形，不能认定它就是审计。作者还精辟地提出，审计的雏形、完形，只是其发展过程中的一个阶段和结果，如果不追溯审计产生的真正源头，仅以审计的雏形、完形作为研究审计史的起点，则割断了审计历史发展的完整脉络。在这样的理论平台上，作者认为中国审计滥觞于夏朝，在西周初具雏形，是令人信服的。

研究历史，一方面需要正确的理论作为指导；另一方面，研究结论应建立在坚实的史料基础上。作者在揭示审计孕育、萌芽和雏形的发展历史阶段时，注意做到言必有据，以历史事实说话。如对待众说纷纭的《周礼》，作者坚持以金文与《周礼》相对照，从而认定西周时期已出现具有审计职能的职官——小宰和宰夫。又如，作者从零星分散的《史记》《晏子春秋》《韩非子》《淮南子》《吕氏春秋》等史料中探赜索隐，耙梳抉剔，从而复原了春秋战国时期“上计”中审计活动的大致面貌。

研究中国审计发展的历史，一个最基本的任务是要理清脉络，揭示规律。《中国审计史话》（先秦、秦汉时期）虽然以11篇独立的文章组成，但从宏观上却连成一个整体。文章考辨源流、鞭辟入里地展现出春秋战国、秦汉时期的中国审计发展史的两条脉络：一条是“上计”中的审计活动，另一条是御史监察中包含有审计职能。作者不仅在宏观上善于把握脉络，而且在微观上考察得细致入微。如同为“上计”中的审计活动，作者就相当准确地凸现出秦汉、西汉、东汉“上计”中审计活动的发展与变化。作者通过比较秦和西汉的“上计”程序，指出秦由县直接向中央“上计”，而西汉则由县上报汇总至郡国，再由郡国核实后汇总上报至中央。这在客观上增加了一道郡对县的监督环节，已带有“分级监督”的色彩。

先秦、秦汉是中国古代审计的产生与初步发展时期，其中一个显著特点是没有专门独立的机构执行审计职能，审计职能包含在对官吏考核的“上计”和对官吏的监察之中。这种状况给中国审计史的研究带来了困难。对此，作者采用了科学的行之有效的剥离方法，较成功地抓住审计活动的“三个共同特征”，从对官吏的考核中和对官吏的监察中成功地剥离出审计的职能和活动。

审计史是审计学和历史学交叉的学科。我国学术界对审计史的研究虽然时间不长，学术积淀还不够深厚，但是与此相关的历史学的研究成果还是不少的。作者在撰写这一时期审计史时注意汲取有关的研究成果，尤其是一些较权威、较成熟的成果。如对《管子》中“明法审数”的考辨，就参考了郭沫若的《管子集校》和赵守正的《管子注释》；在用金文与《周礼》相印证中，就参考了张亚初、刘雨撰写的《西周金文官制研究》等。

“史话”，顾名思义，应该是厚积薄发、雅俗共赏之作。作者准确把握文章体裁要求，文风别具一格。其行文娓娓道来，深入浅出，引人入胜，尤其在选材上独具匠心，追求内容的趣味性、形象性、可读性。如在介绍我国古代御史职官时，为突出其监察审计职能的特点，特意介绍了御史的獬豸冠。獬豸是古代传说中的怪兽，能别曲直，专门触不法不直之人。故后世以獬豸冠代表执法和监察审计官员。

毋庸讳言，这 11 篇系列文章在大醇之中也存在一些小疵，主要是对这一时期中国审计史的经验教训总结阐发不够充分。另外，作者对一些史料的理解尚有可商榷之处，例如，对《居延新简》中记载“虏持循、弩箭去。审”中的“审”，作者认为是对武器损失数量及其真实性审查后的评语，似不妥，尚需进一步探讨。

后　记

本书按历史朝代顺序编写：（1）先秦与秦汉时期的审计，由南京审计大学蒋大鸣教授撰写；（2）魏晋南北朝时期的审计，由黑龙江省审计厅白玉贵研究员撰写；（3）隋唐时期的审计，由中国社会科学院李锦绣研究员撰写；（4）五代、宋、元、西夏、辽、金时期的审计，由江西财经大学方宝璋教授撰写；（5）明代的审计，由南开大学林延清教授撰写；（6）清代的审计，由天津市审计局任德启高级审计师撰写；（7）民国时期的审计，由南京大学史全生教授撰写。付梓前，由蒋大鸣教授对全书总纂定稿。

此书出版，还要特别感谢南京审计大学图书馆原馆长，现南京审计大学金审学院党委书记马万民教授、博士以及李绘馆员及其同仁的热情帮助和大力支持，他们花费很多时间和精力，帮助查找史话原文资料，如果没有他们的帮助和支持，史话原文资料很难收集齐全。他们的这份情谊，我们将永远铭记在心。

编著者

2019年2月